FIT FOR BUSINESS

Zum Autor:

Fred Maro ist Spezialist für Kommunikation. Er berät und trainiert Banken sowie namhafte mittelständische Unternehmen (bisher über 7000 Moderationen in 127 Ländern).

Wir freuen uns über Ihr Interesse an diesem Buch. Gerne stellen wir Ihnen kostenlos zusätzliche Informationen zu diesem Programmsegment zur Verfügung. Bitte sprechen Sie uns an:

E-mail: walhalla@walhalla.de
http://www.walhalla.de

Fred Maro

Du gehst mir auf den Geist

- Spontan kommunizieren
- Die Haltung wahren
- Den richtigen Ton finden

FIT FOR BUSINESS

Die Deutsche Bibliothek - CIP-Einheitsaufnahme

Maro, Fred:
Du gehst mir auf den Geist : spontan kommunizieren ; die Haltung wahren ;
den richtigen Ton finden /
Fred Maro. – 2. Aufl. – Regensburg ; Düsseldorf :
Fit for Business, 1999
  (Fit for business ; 542)
  ISBN 3-8029-4542-5

Zitiervorschlag:
Fred Maro, Du gehst mir auf den Geist
Regensburg, Düsseldorf 1999

  Produktion: Walhalla Fachverlag, **93042** Regensburg
  Umschlaggestaltung: Gruber & König, Augsburg
  Druck und Bindung: Westermann Druck Zwickau GmbH
  Printed in Germany
  ISBN 3-8029-4542-5

Nutzen Sie das Inhaltsmenü:
Die Schnellübersicht führt Sie zu Ihrem Thema.
Die Kapitelüberschriften führen Sie zur Lösung.

Schnellübersicht

Schnellübersicht

Warum ich dieses Buch nun doch schreibe

Lange habe ich mich davor gedrückt. Täglich habe ich mit Kommunikationsproblemen zu tun, wenn meine Mitarbeiter und ich versuchen, Konflikte in den Unternehmen unserer Kunden zu beheben, kommunikative Unebenheiten zu glätten und Menschen zu helfen, sich zu motivieren. Ich halte darüber hinaus Vorträge und Seminare zu diesem Thema, für die es Manuskripte gibt. Und außerdem stehen in jeder Buchhandlung Dutzende Bücher, die sich mit dem Thema Kommunikation befassen. Wozu also noch ein Buch?

Was mich irgendwann stutzig gemacht hat, war die Bemerkung des Teilnehmers einer Talkshow, die ich im Fernsehen beobachtete. Er beklagte, daß das meiste, das er zum Thema „richtiger Umgang mit Menschen" gehört und gelesen hatte, vielfach reine theoretische Abhandlungen ohne realistischen Bezug zum täglichen Leben gewesen waren. Diese provokative Behauptung reizte mich, da einmal nachzuhaken.

So machte ich mich auf den Weg in mehrere Buchhandlungen. Schon nach relativ kurzer Zeit mußte ich dem guten Mann recht geben. Zum Thema Kommunikation gibt es Tausende von Büchern, Artikeln und Serien in Zeitungen. Anhand von mehr oder weniger empfehlenswerten, meist irgendwo abgeschriebenen, Ergüssen mit Ratschlägen können Sie sich in Hunderten von Zeitschriften und in „Tips für ..." – Büchern informieren, wie Sie sich in welchen Situationen benehmen sollen.

Sie werden erfahren, wie man „optimal" kommuniziert, wie man „perfekt verhandelt", wie man sich immer und immer wieder aufs Neue in Sekundenschnelle motiviert, wie man „wunderbar" mit Menschen auskommt und wie man sich das Leben erleichtert, indem man sich eigenen und fremden Bedürfnissen widmet.

Das heißt natürlich nicht, daß es nicht auch eine ganze Reihe von Büchern gibt, in denen wirklich realistische und umsetzbare Ratschläge vermittelt werden. Das Problem ist, diese Bücher aus der Unmenge der Angebote herauszufinden. Meist finden Sie jedoch nur theoretische Lösungsansätze. Da gibt es ausgetestete und sehr brauchbare Theorien wie die „Transaktionsanalyse". Es gibt das „NLP" („Neuro-Linguistisches Programmieren") und zahlreiche andere Theorien, die einem angeblich zur Fähigkeit verhelfen, sich jederzeit sofort auf Kommunikationspartner einstellen und jede Konfliktsituation beherrschen zu können.

Seltsam! Trotzdem gelingt es mir und anderen „Störenfrieden" jederzeit spielend leicht, sogar Professoren, die derartige Themen unterrichten, so eben mal durch zwei oder drei Sätze emotionell derart aus dem Ruder laufen zu lassen, so daß sich jedem Beobachter die Erkenntnis geradezu aufdrängt, irgend etwas sei faul an diesen Kommunikationstheorien.

Theorie allein reicht nicht aus

Nun, zumindest an den Grundsätzen der Transaktionsanalyse ist absolut „nichts faul". Da hat schon alles Hand und Fuß. Ähnlich ist es mit NLP (einem Konglomerat aus unterschiedlichsten, zum Teil uralten anderen Denkansätzen und Erkenntnissen) und so manchen anderen Theorien. Möchte man sich dieser Theorien im Alltag bedienen, so stößt man rasch auf zwei Probleme:

- Die Seele (die Persönlichkeit) des Anwenders und

- dessen Zeit

Ich kenne niemanden, der imstande ist, unter Zeitdruck und einigermaßen erregt (sei es erfreut oder erbost), die relativ komplizierten Spielregeln dieser (in sich richtigen) Theorien und Denkmodelle in der Praxis einzuhalten, dabei seine eigenen Verhaltens- und Kommunikationsmuster zu analysieren, sie in Sekunden anzupassen und sich (quasi „aus dem Stand heraus") entsprechend zielgerichtet zu verhalten.

Theorien sind unverzichtbar! Aber als Werkzeuge sind sie untauglich! Zu wissen, wie man eine Zange hält, heißt noch lange nicht, damit einen Nagel aus dem Holz ziehen zu können, ohne sich dabei die Finger zu klemmen.

In vielen Büchern wurden zugleich Seminare angeboten. Deshalb habe ich mir nach dem Besuch von Buchhandlungen einige Seminare angesehen, in denen die Vermittlung einzigartiger und äußerst erfolgreicher Kommunikationsmethoden versprochen wurde. Dabei kam es dann immer wieder zu Situationen, in denen ich mir das Lachen kaum verkneifen konnte, weil die Referenten genau auf dem Bein erwischt wurden, auf dem sie am wenigsten stehen konnten: der Kommunikationspraxis. So habe ich zum Beispiel ein Seminar über Konfliktmanagement erlebt, bei dem eine Teilnehmerin den Seminarleiter (einen Psychologen) fragte, was sie denn nun tun solle, wenn vor ihr (als Verkäuferin in einem Bekleidungsgeschäft) ein tobender Kunde steht. „Wie ich Ihnen schon sagte" entgegnete der Seminarleiter, „Sie müssen die Bedürfnisse des Kunden anerkennen und sich darauf einstellen."

„Schön und gut", antwortete schon leicht fassungslos die Dame. „Aber mein Kunde brüllt noch immer – was mache ich denn jetzt, zum Teufel. Haue ich ihm eine runter, brülle ich zurück, soll ich weinen – oder was?" Darauf der Trainer: „Sie müssen Verständnis zeigen und auf den Kunden eingehen. Kundenbedürfnisse sind …"

Die Dame heftig: „So ein Quatsch – der brüllt mir den Laden zusammen und ich überlege mir jetzt erst einmal eine Strategie, was? Ich sage Ihnen was, Herr Psychologe. Stehen Sie erst einmal acht Stunden im Laden, genervt von ungeduldigen Kunden, einem penetranten Chef und dem Bewußtsein, abends die Hausarbeit kaum zu schaffen – und erklären Sie mir dann bitte, wie ich

Strategien und Verständnis entwickeln soll. Also zum letzten Mal – mein Kunde brüllt noch immer – was soll ich tun?"

Der Referent, leicht konsterniert: „Nun werden Sie doch nicht gleich heftig! So können Sie die Sache schon gar nicht betrachten. Ohne daß Sie gewillt sind, sich mit menschlichen Bedürf …" Die Dame stand auf, packte ihre Sachen, murmelte etwas wie „keine Ahnung vom richtigen Leben" und verschwand aus dem Seminar, das von nun an keinem der Teilnehmer mehr so richtig gefallen wollte.

Praktisches Werkzeug ist gefragt

Was der Referent vermittelte, war Theorie (sogar richtige!). Was die Teilnehmerin jedoch dringend benötigte und von ihm erwartete, waren Werkzeuge, mit denen sie (!) umgehen konnte und die rasch und ohne große Theorie einsetzbar sind.

Der normale Schulungsansatz „Lerne erst einmal Noten lesen, und dann fangen wir mit dem Klavierspielen an" hat beim Thema Kommunikation wenig Sinn, denn wir alle spielen längst Klavier! Wir kommunizieren schon von der ersten Sekunde unseres Lebens an – vielleicht sogar schon viel früher. Zu dem Zeitpunkt, zu dem Sie dieses Buch lesen, haben Sie schon längst eigene, selbst erfundene und abgekupferte Verhaltens- und Kommunikationsmuster entwickelt. Ich kann und möchte Ihnen mit diesem Buch das Kommunizieren nicht beibringen. Das können Sie schon längst – mehr oder weniger gut! Verbessern kann man sich nur durch Praxis. Und erst, wenn Sie Spaß am Praxistraining gefunden haben, macht auch die Theorie wirklich Spaß. Der Referent in dem eben geschilderten Seminar war allerdings nicht imstande, selbst praktische Werkzeuge einzusetzen, und vermied es deshalb, in die Rolle des Trainers gedrängt zu werden. Er versuchte, in der Rolle des Lehrers zu verharren.

Ein ähnliches Erlebnis hatte ich, als ich – rein zufällig – in das Präsentationstraining eines Trainers geriet, der in diesem Moment gebeten wurde, doch nicht nur zu kritisieren, sondern es einfach einmal vorzumachen, wie es denn optimal wäre. Dieser Trainer entgegnete mit einer unglaublichen Unverfrorenheit: „Nein, das werde ich nicht tun – denn Sie sollen Ihren eigenen Stil entwickeln und nicht mich imitieren." Als ich daraufhin einige Tage später etwas recherchierte, stellte sich heraus, daß dieser Trainer noch nie selbst vor größerem Publikum Serienpräsentationen, geschweige denn unternehmensstrategisch oder kommerziell wichtige Auftritte selbst durchgeführt hat.

Diese beiden Szenen sind symptomatisch für viele Schulungen. Wenn Sie an einem Seminar für Konfliktmanagement oder einem anderen Thema über Kommunikation teilnehmen möchten, so sollten Sie sich vorher erkundigen, wie realistisch und aktuell die Erfahrungen Ihres Referenten sind. Steht er neben seinen Seminaren noch immer des öfteren regulierend zwischen sich streitenden Fronten? Werden im Seminar nur theoretische Ansätze vermittelt, oder widmet man sich klar definierten Problemsituationen und deren konkreten Lösungen? Beides ist sinnvoll. Entscheidend für Sie sollte sein, was Sie benötigen und erwarten.

Das ist ein richtiges Kommunikationstraining!

In einem Kommunikationstraining, in dem Werkzeuge vermittelt werden, sollte Ihr Referent als Trainer jederzeit bereit sein, unter einigermaßen realistisch simulierten Bedingungen (auch in schwierigen Situationen) sein Können in einem Rollenspiel oder in der Kaffeepause „live" zu beweisen. Wenn Sie präsentieren lernen möchten, so sollte Ihr Trainer selbst alljährlich noch reichlich „auf der Bühne" stehen und jederzeit bereit sein, richtiges Präsentieren zu demonstrieren.

Zusammengefaßt: Ein Fußballtrainer muß nicht besser spielen können als seine Mannschaft. Aber er sollte früher ein leidlich guter Spieler gewesen sein und muß jederzeit demonstrieren können, wie Ballbeherrschung aussehen sollte – auch wenn seine Kondition nicht mehr für ein ganzes Spiel reichen würde. Sonst ist seine Arbeit einfach nicht praxisnah!

Allerdings kenne ich als Trainer und Coach auch eine Kehrseite, die ein interessantes Phänomen darstellt: Erstaunlicherweise glauben viele Menschen, von Kommunikation genauso viel zu verstehen und sie genauso gut zu beherrschen wie ein Fachmann, der sich täglich mit diesem Thema befaßt.

Genau dies macht aber die Arbeit eines Kommunikationsberaters, eines guten Trainers oder eines „Kommunikationssanierers", wie ich es bin, so schwierig. Wenn ich in ein Unternehmen gerufen werde, dessen Mitarbeiter entweder „kaputtgeführt", mit sich und ihren Problemen allein gelassen oder schlicht „zermotiviert" wurden, so stoße ich auf allen Ebenen auf das gleiche Problem:

Jeder ist von sich selbst überzeugt, daß seine Art zu kommunizieren mit Sicherheit nicht die Ursache der Probleme ist. Aber er kann auch sofort tausend Ursachen nennen, die durch andere hervorgerufen werden und die schuld an allem sind. Dieser Effekt tritt in Familien und Vereinen ebenso auf wie in mehr oder weniger großen Unternehmen.

Vielleicht jedoch kommunizieren wir nur aus unserer Sicht gut, weil wir uns eigene Fehler nicht eingestehen möchten. Vielleicht würden wir uns mit geeigneten Kommunikationswerkzeugen viel leichter tun! Diese Werkzeuge müßten sehr einfach anzuwenden sein und auch dann funktionieren, wenn der „Absender" einer Botschaft selbst mental hoch belastet wäre. Man dürfte bei einer Anwendung nicht viel nachdenken müssen, denn sonst würde die Kommunikationskontrolle viel zu lange dauern, um erfolgreich eingesetzt werden zu können. Diese Werkzeuge gibt es. Sie finden sie weiter hinten ab den Seiten 79 ff.

Worum es in diesem Buch geht

Es geht in diesem Buch schlicht um die Frage: „Wie kann man (trotz manchmal sehr stressender Anforderungen an die eigene Psyche) mit „schwierigen Menschen" erfolgreich umgehen?

Der Ansatz zu einer Problemlösung ist hier relativ einfach zu finden: Wir alle kommunizieren immer mit der Absicht, damit „Erfolg" zu haben, zu erreichen, was wir möchten.

- Da gibt es den Herren, der mit mehr oder weniger Geschick versucht, mit einer Dame Kontakt aufzunehmen, weil er sie kennenlernen möchte.

  Erhoffter Erfolg: Die Dame soll seine Kontaktaufnahme mit aktivem Interesse honorieren.

- Da gibt es die Dame, die sich (obwohl ihrem Typ nicht entsprechend) extrem aufreizend und unpassend kleidet und benimmt.

  Erhoffter Erfolg: Jemand in ihrer Umgebung soll auf sie aufmerksam werden.

- Ein Angestellter geht zu einem fachlich versierten Kollegen, weil ihm dieser etwas erklären soll.

  Erhoffter Erfolg: Er erhält eine hilfreiche Erklärung.

- Eine Dame geht zu einer Kollegin, um dieser etwas mitzuteilen.

  Erhoffter Erfolg: Ihre Kommunikationspartnerin ist dankbar dafür.

- Zwei Menschen unterhalten sich über dies oder jenes – scheinbar ohne konkrete Absicht.

  Erhoffter Erfolg: Sie möchten gemeinsam ihren Gedanken freien Lauf lassen und sich gemeinsam wohl fühlen.

- Auch Sie selbst, liebe Leserin, lieber Leser, kommunizieren (wie alle anderen um Sie herum auch), weil Sie ein positives Resultat dieser Kommunikation erhoffen oder erwarten.

Was passiert jedoch, wenn die Dame den kontaktfreudigen Herren abblitzen läßt, oder wenn niemand die auffallend gekleidete Dame beachtet? Was passiert, wenn der Arbeitskollege schlecht gelaunt oder die Freundin an den Neuigkeiten desinteressiert ist?

Bei allen Absendern einer Botschaft besteht die Erwartung (die Hoffnung), daß die eingeleitete Kommunikation zu einem positiven Ergebnis führt. Wenn nun jedoch diese unbewußten, subjektiv eingefärbten Erwartungen enttäuscht werden, so läuft in den Gehirnen der den Kontakt aufnehmenden Menschen „vollautomatisch" ein Emotionsfilm ab.

Sie kennen das bestimmt: Sobald ein Mensch, mit dem Sie Kontakt aufnehmen, negativ (also nicht Ihren Erwartungen entsprechend) reagiert, steigen in Ihnen, wie von selbst, Ihre eigenen Emotionen hoch. Die Heftigkeit Ihrer Reaktion liegt irgendwo zwischen „Hoppla, was soll das denn" bis hin zu „Du Blödmann, dann rutsch' mir eben den Buckel runter", oder noch schlimmer.

Damit stehen wir aber vor einem Problem: In dem Moment, in dem Sie derartig reagieren, sind Sie, genau genommen, nicht mehr zu einer konstruktiven, diesen Konflikt lösenden Kommunikation imstande. Denn das Verhalten des anderen hat Sie schon (in diesem Fall negativ) berührt und beeinflußt.

Was sich in unserem Gehirn abspielt, hängt ganz von uns selbst (!) ab. Je ausgeglichener wir sind, je mehr wir uns vorab auf die Situation eingestellt haben, desto harmloser ist die Reaktion, desto „mehr Abstand haben wir zur Szene".

Ihr persönlicher Kommunikations-Werkzeugkasten

Ich werde Ihnen ein Denkmodell und einen Kommunikations-Werkzeugkasten vorstellen, die es jedem Laien ermöglichen, genau dieses Hindernis zu überwinden, damit er so besser und länger kommunikationsfähig bleibt.

Der Werkzeugkasten wird Ihnen eine Chance bieten, sich in wenigen Sekunden auf Ihre Mitmenschen einzustellen. Das Schöne daran ist, daß die darin enthaltenen Verhaltensregeln so simpel und klar sind, daß Sie diese, auch im größten Streß jederzeit (quasi „aus dem Bauch heraus") einsetzen können.

Dieser Werkzeugkasten hat eine lange Entstehungsgeschichte. Er wurde mit Hilfe der Erfahrungen aus vielen Jahren „Kommunikations-Sanierungsarbeit", nach zahlreichen Gesprächen mit anderen Fachleuten und nach unzähligen praktischen Tests entwickelt. In der Zwischenzeit haben viele Menschen dieses Modell kennen- und schätzen gelernt. Irgendwann hat dann ein Journalist den Begriff „FM-Prinzip" aus der Taufe gehoben. Heute wird dieses FM-Prinzip nach Lizenzvergabe weltweit geschult. Unter dem Begriff „Spontankommunikation" ist es die Basis zahlreicher weitergehender Arbeiten. Unter dem Titel „Du gehst mir auf den Geist – erprobte Wege zum schwierigen Umgang mit normalen Menschen" werden diese Spielregeln vielen Menschen in Referaten und Vorträgen zugänglich gemacht.

Das FM-Prinzip enthält keine neuen und seligmachenden Weisheiten zur Kommunikation oder zu menschlichen Verhaltensweisen. Es ist eine Zusammenfassung und zugleich eine Minimierung von umfangreichem Wissen auf ein Maß, das es anwendbar macht. Das FM-Prinzip ist so stark visualisiert (man kann es sich also jederzeit bildhaft vorstellen), daß es wie ein Farbfoto immer dann im Gehirn auftauchen kann, wenn es gilt, sich rasch auf Mitmenschen einzustellen.

Als ich vor vielen Jahren begann, dieses Denkmodell Personalberatern und Psychologen vorzustellen, wurde ich belächelt, manchmal sogar als „unter der Gürtellinie argumentierend" abqualifiziert. „Was bildet sich dieser Herr Maro eigentlich ein? So simpel und einfach kann man komplexe Kommunikationssituationen nicht darstellen!" Kann man doch! Jahre später haben eben diese Unternehmen genau dieses Denkmodell auf breiter Basis von meinen Mitarbeitern und mir schulen lassen. Noch heute pflegt und kultiviert ein großer Teil dieser Kunden das Denkmodell in der internen Kommunikation.

Ein für allemal – für die Skeptiker unter meinen Lesern

Das hier vorgestellte Denkmodell zum Umgang mit „schwierigen Menschen" erhebt keinerlei Anspruch auf einen Platz unter den seit langem wissenschaftlich erarbeiteten Basistheorien. Es ist nicht für tiefergehende Analysen von Kommunikationskonflikten oder Verhaltensweisen geeignet, und es steht weder im Gegensatz noch in Konkurrenz zu bestehenden Kommunikationsmodellen.

Dieses Modell ist schlicht und einfach eine Sammlung von effektiven, sehr einfach anwendbaren und rasch wirksamen Werkzeugen, um auch in hektischen Situationen relativ unbeschädigt bestehen zu können. Oft existieren diese Werkzeuge bereits – meist unter anderem Namen.

Die Würze liegt in der einfachen Handhabung! Die (auch hier leider unverzichtbare) Gebrauchsanleitung dazu ist die Verständnisbasis, mit der wir uns als erstes befassen werden. Das widerspricht meiner eben geäußerten Kritik an den Theorien? Nein! Denn Sie werden rasch merken, daß Sie schon (während des Lesens) anfangen werden, dieses Modell anzuwenden.

Viel Spaß und Erfolg! *Fred Maro*

Was Sie besonders beachten müssen

Wie bei allen meinen Büchern habe ich auch bei diesem darauf geachtet, weitgehend in „gesprochener Umgangssprache" und nicht in Form von „wohlgezirkelten" Sätzen zu schreiben. Ich bin der festen Überzeugung, daß lehrreiche Bücher nur dann etwas bewirken können, wenn sie leicht, rasch und mit Spaß gelesen werden können. In diesem Buch ist dies für mich ein besonders wichtiges Argument. Schließlich befassen wir uns mit Kommunikationssituationen, die nicht nur sehr real und immer aktuell sind, sondern in denen genau diese direkte Sprache oft eine entscheidende Rolle spielt.

Sie werden auch bald bemerken, daß ich verschiedene Aussagen in unterschiedlicher Form von Zeit zu Zeit wiederhole. Dies passiert mit voller Absicht, weil bestimmte Spielregeln und Grundsätze einfach nicht vergessen werden dürfen! Sie müssen immer und immer wieder in unsere Gehirne eindringen.

Wie in allen meinen Büchern verwende ich meistens die männliche Form. Ich spreche also von dem Mitarbeiter, dem Vorgesetzten usw. Frauen kommunizieren zwar mit Hilfe anderer Metaebenen als Männer, sie machen jedoch nicht weniger Fehler als diese. Ich verwende die männliche Form, weil Sie sonst vor lauter in Klammern gefaßten Varianten nicht mehr zum Lesen kommen würden.

Übrigens: Alle in diesem Buch vorkommenden Personen und Handlungen sind (mit einer Ausnahme) frei erfunden. Die Ausnahme? Das sind Sie selbst!

Bevor wir nun in das Thema einsteigen, möchte ich mich noch bei einigen Menschen bedanken, die entscheidend dazu beigetragen haben, daß ich das FM-Prinzip entwickeln und perfektionieren konnte.

- Bei den Mitarbeiterinnen meines Verlages, welche die Geduld aufbrachten, mit mir (wenig berechenbarem) Workoholic zusammen ein Buch zu realisieren.

- Bei Edith Medek, die als meine „rechte Hand" nicht nur meine Launen aushalten muß, sondern deren Abschirmung und Unterstützung ich die Zeit zum Schreiben verdanke.

- Bei Maria Esther Soler. Sie weiß warum!

- Bei Dierk Liess, weil er im richtigen Moment mein Freund wurde.

Verhaltensmuster verstehen

1

Aller Anfang ist leicht!

Bevor Sie sich mit interessanten Theorien und praktischen Werkzeugen befassen, sollten Sie sich darin üben, klassische Beispiele von Fehlverhalten im täglichen Leben bewußt(er) zu studieren. Wenn Sie mit offenen Augen durch Ihren Alltag gehen, werden Sie nicht nur vermeiden, gegen Laternenpfähle zu laufen und in Kanalschächte zu fallen. Rasch werden Sie zu der Erkenntnis kommen, daß das Beobachten von Verhaltensweisen und Kommunizieren „schöner ist als Kino"!

Praxis-Tip

Anstatt umfangreiche schriftliche Werke zu inhalieren, sollten Sie sich generell so häufig wie möglich ins Training stürzen. Ihr Test- und Trainingsort ist kugelrund, kostet keinen Mitgliedsbeitrag und ist 24 Stunden geöffnet. Ihr Trainingsort heißt „Erde"!

Menschen intensiv beobachten

Wie Menschen einander begrüßen

Sie werden dabei bemerken, daß schon in diesen Sekunden unglaublich viele Emotionen und Signale ausgetauscht werden. Dies geschieht sowohl verbal als auch optisch – durch Körpersprache.

Versuchen Sie bitte dabei immer gleich auch, die Kommunikationselemente herauszufinden, welche die Atmosphäre dieser Begrüßungsszene gestalten oder beeinflussen. Bald werden Sie erkennen, daß schon in diesem Moment Akzente gesetzt werden, welche der nachfolgenden Kommunikation manchmal kaum Chancen für Harmonie oder Konsens lassen.

Beispiele:

- Da sehen Sie in den TV-Nachrichten einen Politiker, der einen Menschen begrüßt, der ihm seinerseits in diesem Moment sichtlich etwas sagen möchte. Aber – noch während er die Hand schüttelt, dreht sich der Politiker schon dem nächsten Gast zu und lächelt diesem entgegen.

- Ein Manager begrüßt einen Mitarbeiter und sucht dabei verlegen nach dessen Namen.

- Eine Frau begrüßt ihre „Freundin" mit den Worten „Hallo Erika, du siehst bezaubernd aus! Wie schaffst du das bloß?"

- Ein Kneipenkumpan zu einem Bekannten, der mit einer Freundin eintritt: „Na, altes Haus, wer ist denn das niedliche Mäuschen?"

Wie Menschen ihr Verhalten blitzschnell ändern

Dabei ist es unerheblich, ob plötzlich andere Menschen auftreten oder ob sich die von Ihnen beobachtete Person in eine (räumlich gesehen) andere Umgebung begibt. Sie werden bemerken, daß sich die innere Spannung vieler Menschen augenblicklich verändert und daß dies bei genauem Beobachten für den Interessierten sofort sichtbar wird.

Beobachten Sie Menschen, die …

- eine Diskothek betreten und dort auf Anwesende treffen, die um eine bis zwei Generationen jünger sind.

- sich als Top-Führungskräfte oder als Spitzenpolitiker mit Mitarbeitern unterster Unternehmensebenen unterhalten.

- als Männer in einem Kaufhaus, inmitten von Ständern mit Spitzendessous, darauf warten, daß ihre Partnerin fertig ausgesucht und bezahlt hat.

Wie unterschiedliche Hierarchieebenen horizontal und vertikal miteinander kommunizieren

Horizontale Kommunikation pflegen Menschen mit gleichem sozialen, gesellschaftlichem Status und/oder Menschen aus etwa gleichrangigen Unternehmensebenen.

Vertikale Kommunikation wird zwischen Menschen mit unterschiedlichem sozialen Status und/oder zwischen Menschen in unterschiedlichen Unternehmensebenen praktiziert.

Menschen in gesellschaftlich höherrangigen Positionen neigen sehr rasch dazu, sofort wegzuhören und mit Überheblichkeit zu reagieren, wenn sie sich „von unten" angegriffen fühlen.

Menschen, die „höhergestellten Personen" gefallen möchten, verleugnen oft ihr Selbstverständnis bis hin zur totalen Selbstaufgabe. Dazu zählen auch Führungskräfte, die (wider besseres Wissen, daß dadurch langfristig Schaden angerichtet wird) kurzfristig wirkende Entscheidungen treffen, nur um Vorständen oder Aktionären zu gefallen.

Dazu gehören auch Menschen, die ihrem Partner zuliebe Dinge tun, welche sie ohne diesen nie tun würden, weil sie ihrem Selbstverständnis oder ihren moralischen Vorstellungen widersprechen.

Sie werden Menschen beobachten, welche scheinbar mit Inbrunst und mit Begeisterung andere Menschen verletzen oder brüskieren, die ihnen absolut nichts getan haben. Ich kenne eine hohe Führungskraft einer Fluggesellschaft, die mir nach ihrem Antritt in einer neuen Position begeistert und stolz erklärte (wortwörtlich): „Ich ziehe eine Blutspur hinter mir her!"

Achtung:

Bei genauem Beobachten werden Sie auch die feinen Nuancen zwischen subtilem Gerüchtesetzen und den Anfangsphasen von Mobbing erleben.

Beispiel:

So habe ich im Rahmen meiner Arbeit an einem Mobbingfall folgende zwei Szenen erlebt: Als eine von Kolleginnen drangsalierte Mitarbeiterin im Rahmen eines kleinen festlichen Umtrunks ein von ihrem Vorgesetzten angebotenes Glas Wein ablehnte, fragte eine Kollegin: „Oh – bist du immer noch in Therapie?" (Anmerkung: Natürlich nahm die Betroffene an keinerlei Therapie teil, was der „angreifenden" Person sehr wohl bekannt war!)

Einige Tage später fuhren wir gemeinsam und mit mehreren anderen Personen im Aufzug. Eine Angreiferin zum „Opfer": „Gehst du heute abend mit uns ins XYZ?" (ein bekanntes Weinlokal). Als die Angesprochene ablehnte und beim nächsten Stopp den Aufzug verließ, murmelte die Angreiferin beim Weiterfahren zu den im Aufzug verbliebenen unbeteiligten Personen: „Tja, so hat halt jeder seine eigenen Probleme mit schönen Getränken!"

> ## Praxis-Tip
>
> Sie werden bei Ihren Beobachtungen erkennen, daß Menschen immer unfairer und unlogischer werden, je hoffnungsloser, wütender und verzweifelter sie sind. Dazu gehört auch – als sehr frühzeitig eintretender Zustand – das Nörgeln und Gerüchtesetzen, welches im gefährlichen Mobbing seinen Höhepunkt findet.

Beobachten Sie auch, wie Sie selbst sich unter den vorgenannten Umständen verhalten. Sie werden, wenn Sie ehrlich sind, zugeben müssen, daß die eine oder andere Verhaltensweise manchmal auch auf Sie zutrifft.

Wichtig:

Versuchen Sie bei diesen Beobachtungen, sich von allen Vorurteilen und eigenen (erfahrungsgemäß meist vorschnellen) Interpretationen fernzuhalten. Dies wird Ihnen oft nicht gelingen. Aber die Fähigkeit, dies zumindest einige Zeit (und in entscheidenden Momenten) durchzuhalten, ist eine der Grundvoraussetzungen für gute Kommunikation.

Warum Kommunikation manchmal funktioniert und manchmal nicht – ein Praxis-Beispiel

Herr Schulze und sein Flug nach London

Herr Schulze ist genervt! Erst die Schwierigkeiten mit der neuen Mitarbeiterin. Sie wollte einfach nicht begreifen, daß er Wichtigeres zu tun hatte, als sich um sie zu kümmern. Dann das Papier mit den stagnierenden Quartalszahlen. Natürlich auch gleich danach der Anruf von der Zentrale in den USA. War da nicht ein drohender Unterton in den Sätzen seines Vorgesetzten? Und jetzt auch das noch: Stau auf dem Weg zum Flughafen. Als er den Taxifahrer bittet, eventuell einen Umweg zu fahren, um rascher am Ziel zu sein, knurrt der nur etwas von „viele Leute von Firma nach Hause" und von „müssen früher wegfahren".

Herr Schulze war kurz vor dem Explodieren. Warum fahren immer mehr Typen Taxi, die nicht einmal richtig deutsch sprechen können. Auch zu blöd, daß er gerade heute nach London fliegen soll. Als wenn es nichts Wichtigeres zu tun gäbe. Er hatte noch versucht, unaufschiebbare Arbeiten zu übergeben, aber da hat niemand so recht zugehört. Schon gar nicht Frau Meier, diese lahme Schnecke. Endlich fährt das Taxi vor die Abflughalle. Herr Schulze drückt dem Fahrer einen Geldschein in die Hand, verzichtet ärgerlich auf das Wechselgeld (dazu ist wegen des nervenden Staus auf der Autobahn keine Zeit mehr) und hetzt durch die Abflughalle zum Schalter, um einzuchecken. Dort stößt er, sich an gemächlich dahinbummelnden Touristen vorbeidrängend und leise vor sich hin fluchend, auf eine junge Mitarbeiterin der Fluggesellschaft, die gerade mit einem anderen Passagier beschäftigt ist.

Ungeduldig tritt Herr Schulze von einem Bein auf das andere. „Wieder so eine Schnecke", nörgelt sein Halbbewußtsein. Endlich ist er dran. Er knallt seinen Flugschein auf den Tresen und sagt: „Ich fliege mit dieser Maschine nach London, und ich möchte, wenn's geht ..." Eigentlich wollte er sagen, daß er am Gang sitzen möchte. Doch die Hosteß auf der anderen Seite des Counters dreht sich in diesem Moment zum Computer und fängt an zu tippen.

Herr Schulze rastet sehr lautstark aus: „Gibt es in diesem Laden irgendwo eigentlich einen Menschen, den interessiert, was ich will? Hören Sie mir überhaupt zu? Ich bezahle Ihren Arbeitsplatz – also verflucht noch mal – ich verlange, daß Sie mir zuhören!"

Beenden wir an dieser Stelle unsere Beobachtung von Herrn Schulze und kümmern wir uns um Frau Meier.

Frau Meier und der neue Job

Im Grunde genommen ist sie sehr froh, nach längerer Krankheit diese neue Tätigkeit gefunden zu haben. Es ist noch gar nicht so lange her, da hatte Frau Meier mit dem Leben abgeschlossen. Eine bösartige Geschwulst in ihrem Unterleib konnte erst mit größerem Aufwand, durch Bestrahlung und Operation entfernt werden. „Die nächsten fünf Jahre werden entscheiden, ob sich Metastasen (Tochtergeschwüre) bilden oder nicht", hatte der Chirurg gesagt. Frau Meier freut sich zu leben und zittert zugleich vor den nächsten fünf Jahren, deren alljährliche medizinische Befunde wie Damoklesschwerte über ihrer Seele hängen.

Ihr neuer Job belastet sie ebenfalls mehr als sie dachte. Dabei hatte sie gehofft, von ihrem neuen Vorgesetzten, einem Herrn Schulze, konstruktiv unterstützt und eingewiesen zu werden. Es fiel ihr nämlich überhaupt nicht leicht, sich nach zwei Jahren der erzwungenen Untätigkeit wieder an den Beruf zu gewöhnen. Privat war kaum Unterstützung zu erwarten. Ihr Freund würde sie wohl in absehbarer Zeit verlassen. Herr Schulze war beim ersten Gespräch, Gott sein Dank, sehr sympathisch. In den letzten Tagen wurde er allerdings immer hektischer und machte ihr mehrfach ungeduldige Vorwürfe, weil ihm etwas nicht schnell genug ging. Als sie vorgestern einmal deshalb in Tränen ausbrach, warf er ihr vor, mimosenhaft zu reagieren.

Auch hier beenden wir unsere Beobachtung und wenden uns Fevzi Gakular zu, einem der vielen ausländischen Taxifahrer in dieser Stadt.

Fevzi und der Stau

Der letzte Fahrgast war der schlimmste heute. Er war ungeduldig und unfreundlich. Aber Fevzi Gakular hatte sich daran gewöhnt. Es störte ihn relativ wenig. Die meisten Menschen in diesem Land waren immer hektisch und versuchten, überall noch ein paar Minuten einzusparen. Nur – was machen sie mit diesen paar Minuten? Fevzi schmunzelte, als er den letzten Gast ausgeladen hatte. Dieser hatte ihm eben einen großen Geldschein in die Hand gedrückt, ohne auf das Wechselgeld zu warten. Immer wieder erlebte er dieses unsinnige Verhalten, Geld zu verlieren, um zwei Minuten zu gewinnen. Ihn störte dies nicht. Im Gegenteil! Dieses rasch verdiente Geld war ein weiteres Steinchen für sein neues Heim zu Hause in der Türkei. Bald war es fertig. Seine Frau freute sich genauso darauf wie er selbst. Die vielen harten Jahre hier im Ausland hatten sich sicher rentiert. Das gemeinsame Ziel von Fevzi und seiner Frau war in greifbarer Nähe. Gut gelaunt wartete er auf seinen nächsten Fahrgast.

Gaby und der Frühdienst

Seit drei Jahren arbeitet Gaby bei dieser Fluggesellschaft. Sie könnte Bücher über ihre Erlebnisse mit Passagieren schreiben. So manche dieser Geschichten wäre jedoch so unglaublich, daß kaum einer sie glauben würde.

Sie sieht all dies etwas lockerer als so manche Kollegin. Ihr Freund arbeitet in einem Hotel – und da passieren noch ganz andere Dinge. Im Lauf der Jahre hat sie sich eine Art Standardkommunikation angeeignet, die ihr immer wieder hilft, eigene Stimmungen unter Kontrolle zu halten und auch mit nervenden Passagieren ganz gut zurechtzukommen.

Trotzdem hat sie noch keine Lösung für ein gravierendes Problem, das immer wieder auftaucht. Wieso reagieren Passagiere so unterschiedlich auf ihre – weitgehend gleichbleibende – Freundlichkeit? Wie eben die letzten beiden. Erst dieser Herr mit den zwei Koffern. Locker, gelöst und munter plaudernd, obwohl er sein Handgepäck auch einchecken mußte, weil es zu schwer war. Direkt danach dieser Herr Schulze, der – obwohl sie erkannt hatte, daß er etwas hektisch war und sie sich deshalb umgehend am Computer um die entsprechende Check-in-Maske gekümmert hatte – sofort ausgerastet war. Sie war ratlos. Mehr als freundlich konnte sie doch nicht sein …

Diese fünf Menschen haben alle an ein und demselben Tag miteinander zu tun. Sie haben dabei hörbar, unausgesprochen und sichtbar Emotionen ausgetauscht. Mit Ausnahme von Gaby, der Airline-Hosteß, hat sich jedoch keiner dieser Menschen weitergehende Gedanken gemacht, warum Kommunikation manchmal funktioniert und manchmal nicht. Genau damit jedoch werden wir uns in diesem Buch befassen. Wir werden uns ansehen, warum Menschen – wie – und wann – positiv oder negativ auf unsere Kontaktaufnahme, auf unsere Argumente und auf uns als Menschen reagieren. Wir werden auch bald erkennen, daß diese

Reaktionen relativ leicht zu erkennen, vorauszusehen und zu beherrschen sind. Schließlich werden wir auch Methoden kennenlernen, um mit Menschen, die (subjektiv) negativ reagieren, so umzugehen, daß die Kommunikation im Großen und Ganzen positiv verläuft.

Zu einem späteren Zeitpunkt in diesem Buch werden wir diese eben geschilderten Szenen noch einmal betrachten und sie dabei mit den bis dorthin erlernten Kommunikationsmechanismen vergleichen.

Auf die persönliche Tagesform achten

2

Wie sind Sie heute aufgestanden?

Befassen wir uns nun mit einer lebenden Person, mit Ihnen! Ich erwarte nun von Ihnen, daß Sie mir – und sich selbst gegenüber – äußerst offen und ehrlich sind.

Erinnern Sie sich bitte möglichst genau an den Moment, in dem Sie heute wach wurden. Wie war dieses Gefühl, als Sie Ihre Umwelt heute früh das erste Mal wieder einigermaßen bewußt wahrnahmen? Gut? Schlecht? Oder einfach so la la ?

Was haben Sie direkt nach dem Aufwachen gemacht? Sind Sie sofort aufgestanden und ins Bad gegangen oder haben Sie sich auf die andere Seite gedreht und versucht, noch ein paar Minuten herauszuschinden? Können Sie sich noch erinnern – war das Duschwasser zuerst zu heiß, zu kalt, oder nur einfach zu naß? Was war Ihr erster Eindruck, als Sie in den Spiegel sahen? „Na, denn mal los" oder eher „Hallo, ich kenne dich zwar nicht, aber ich wasche dich ..."

Sie hatten das Radio eingeschaltet? Was war die erste Nachricht, die Sie dabei empfangen haben? Angenehm oder eher unerfreulich? Vielleicht war es Musik? Schöne, langweilige oder aggressive? Wußten Sie sofort, was Sie anziehen wollten, oder mußten Sie erst lange herumsuchen, um ein gebügeltes Hemd zu finden? Haben Sie es geschafft, in Ruhe zu frühstücken, oder sind Sie mit knurrendem Magen zur Arbeit losgefahren?

In den ersten fünfzehn oder zwanzig Minuten Ihres heutigen Tages wurden Sie (genauer gesagt Ihre Psyche, Ihre Seele) von Hunderten, positiven oder negativen, emotionellen Einflüssen bestürmt. Neutrale Einflüsse ohne Wirkung gab es dabei sicher kaum. Bei genauer Betrachtung neigen sich scheinbar neutrale, unwirksame Einflüsse immer der positiven oder negativen Seite zu.

Würden wir uns Ihren Morgen einmal genau betrachten und etwas an Ihrer Erinnerung kratzen, so würden wir sehr rasch erkennen, daß Sie sich nur an einen Bruchteil dieser emotionellen Einflüsse erinnern können.

Vielleicht hat das Kissen im Bett Falten geschlagen, die Ihren Hals gestört haben. Vielleicht haben Sie sich unbemerkt gestoßen, als Sie zweimal vergeblich versucht haben, mit den Zehen nach den Pantoffeln zu angeln. Vielleicht hat ein freundliches „Guten Morgen, mein Schatz" Ihres Partners bzw. Ihrer Partnerin Ihre Stimmung beeinflußt, obwohl Sie nicht einmal bewußt hingehört haben. Nur an einen Bruchteil dieser Einflüsse auf Ihr Gemüt können Sie sich erinnern. Das heißt aber nicht, daß Sie nicht pausenlos davon getroffen werden. Diese Einflüsse bestimmen jedoch einen Großteil Ihres Verhaltens und Ihrer Tagesform!

Das Währungssystem der Gefühle

Wenn wir uns mit diesen emotionellen Einflüssen befassen wollen, so sollten wir sie „sichtbar, bewertbar und meßbar machen". Es gibt für alles Mögliche Bewertungen und Maßstäbe: Dollar, Zentimeter, Kilogramm, Sekunden und vieles mehr. Bestimmt könnte man Emotionen mit Hilfe moderner Elektronik in Form von elektrischen Strömen meßbar machen. Wollen wir jedoch über Emotionen als anfaßbare und gut vorstellbare „Einheiten" sprechen, so müssen wir etwas Neues erfinden.

Die „emotionelle Währung"

Schon vor langer Zeit haben meine Mitarbeiterinnen und ich in unserer Arbeit deshalb eine „emotionelle Währung" eingeführt. Die Geldstücke dieser Währung sind einfache Chips mit unterschiedlichen Farben; einfache, unterschiedlich dicke Holzscheiben, verschieden große Punkte oder ähnliche Gegenstände. Irgend etwas Ähnliches, von dem Sie sich vorstellen können, es aufeinander zu stapeln.

Unsere Scheiben (Chips) sind also ganz einfach geformte Gebilde. Dies hat den Vorteil, daß jedermann auf der Welt sich so etwas gut vorstellen kann.

Grüne Chips sind positive Emotionen

Wir verwenden grüne Chips für alle positiven Emotionen.

Grüne Chips bekommen wir unter anderem

- für alles, was uns auf Anhieb gelingt

- für alles, was uns nach mehrmaligem Versuchen gelingt

- durch ein Lächeln anderer

- durch Anerkennung unserer Leistung

- für uns entgegengebrachte positive Gefühle

- für das Gefühl von Sicherheit

Es gibt in unserem Modell riesengroße, uns sehr fröhlich und manchmal übermütig stimmende grüne Chips. Es gibt auch viele mikroskopisch kleine, kaum zu erkennende grüne Chips.

Rote Chips sind negative Emotionen

Alle Emotionen, die uns negativ beeinflussen, stellen wir durch rote Chips dar. Rote Chips bekommen wir beispielsweise

- für alles, was uns vor den Augen anderer mißlingt

- für alles, was uns auch nach mehrmaligem Versuchen mißlingt

- durch aggressives, überhebliches Verhalten anderer

- durch fehlende Anerkennung unserer Leistung

- für uns entgegengebrachte negative Gefühle

- für das Gefühl von Unsicherheit

Auch in dieser Währung gibt es riesengroße Chips, die schwer wiegen und unsere Stimmung und unser Verhalten massiv beeinflussen. Auch hier gibt winzig kleine, fast nicht sichtbare Chips, die wir kaum bemerken. Trotzdem zeigen sie Wirkung auf unser Verhalten. Viele der kleinen Chips wirken aber genauso schwer wie ein einziger von den Großen.

Pausenlos werden Chips getauscht

Wir alle (!) handeln permanent mit diesen Chips: unser ganzes Leben lang, von der Geburt bis zu unserem Tode. Ähnlich den großen Banken und Börsen, ähnlich unserem täglichen Leben tauschen wir, fast pausenlos, mit anderen Menschen Chips unterschiedlicher Größen (Werte) und Farben aus. Wir tun dies durch Worte, durch unser Handeln, durch unsere optische Erscheinung und durch unsere Körpersprache. So kann bestimmte Kleidung sehr wohl Emotionen transportieren, weil wir sie sofort mit Klischees vergleichen, die wir in unseren Gehirnen gespeichert haben. Der bloße Anblick eines Menschen mit feuerrotem Irokesenhaarschnitt, mit Lederjacke, mit nietengeschmückten fingerlosen Handschuhen und schweren Stiefeln kann rote Chips zu uns transportieren.

Nicht nur Personen oder Tiere, auch Gegenstände und Stimmungen, ja sogar bloße Vorstellungen verteilen Chips. Die Abendstimmung am Strand liefert uns Grün. Eine S-Bahn, die ewig nicht in den Bahnhof einfährt und die daran schuld sein wird, daß wir unseren Termin versäumen, liefert Rot, obwohl weder sie noch ein lebendes Wesen in unserer Nähe ist. Oft reicht das bloße Vorstellen (Tagträumen) einer bestimmten Situation, um uns mit Emotionschips zu versorgen.

Bücher, Fotos und Filme spielen eine wichtige Rolle unter den leblosen Dingen, die uns intensiv beeinflussen, indem sie ebenfalls Chips abgeben.

Achtung:

Wir können uns gegen diese Chips ebensowenig wehren, wie wir es nicht vermeiden können, Chips an andere abzugeben. *Nicht* zu kommunizieren ist praktisch unmöglich!

Oft liegen nur Sekundenbruchteile zwischen einem grünen (positiven) und einem roten (negativen) Chip. Manchmal wechselt der Chip sogar während der Übergabe seine Farbe!

Beispiel:

Jemand kommt auf Sie zu, streckt Ihnen die Hand entgegen, sieht Ihnen in die Augen und begrüßt Sie mit herzlichen Worten. Sie empfangen dabei grüne Chips. Vielleicht aber kommt die Person auch auf Sie zu, streckt Ihnen die Hand entgegen, blickt Sie an und beginnt, Sie zu begrüßen. Aber noch während Sie diese Begrüßung erwidern, hat sich diese Person schon der nächsten, neben Ihnen stehenden Person zugewandt. Sie halten zwar noch die fremde Hand, aber der Kontakt dieser Person gilt schon anderen.

Schon erlebt? Sicherlich! In der gleichen Sekunde, in der der Blickkontakt zu Ihnen abreißt, gibt es Ihnen einen mehr oder weniger großen Stich. Der Chip hat sich blitzartig von grün nach rot verfärbt.

Praxis-Tip

Sie sollten derartige Situationen erkennen und analysieren lernen. Beobachten Sie dazu das Verhalten anderer Menschen. Dies macht ungeheuer viel Spaß. Es wird nicht lange dauern, da bekommen Sie einen zielsicheren Blick für derartige Situationen.

Wir haben festgestellt, daß wir alle (weltweit) mit grünen und roten Chips handeln. Es ist ziemlich egal, ob Sie Japaner, US-Bürger, Mitglieder eines afrikanischen Stammes, Beduinen oder Freunde in Ihrer Umgebung beobachten. Alle reagieren auf diese Chips nach der gleichen „Mechanik", auch wenn die Erscheinungsbilder optisch unterschiedlich sind. Es sieht anders aus, wenn ein Japaner von roten Chips getroffen wird, als wenn dies einem Lateinamerikaner passiert. Aber – beide reagieren nach den selben „Gesetzen"! Wie diese aussehen, sollten wir uns nun ansehen. Dazu benötige ich jetzt Ihre Phantasie, Ihr bildhaftes Vorstellungsvermögen!

Stellen wir uns vor, wir würden alle empfangenen Chips in unserem Kopf sammeln und sie dabei nach Farben sortieren. Stellen wir uns weiterhin vor, wir würden links alle grünen Chips aufeinander zu einer Säule (einem „Chipkonto") stapeln und rechts alle roten. Dann hätten wir in unserem Kopf zwei große Säulen, bestehend aus unterschiedlich großen Chips. Eine grüne Säule und eine rote.

Wann sind Sie „gut drauf"?

Wann fühlen wir uns ausgeglichener, besser gelaunt, fröhlicher und besser belastbar? Wenn wir mehr grüne Chips auf unserem Konto haben – oder mehr rote Chips auf unserer roten Kontosäule? – Ich weiß, diese Frage beantwortet sich von selbst. Nur wenn wir mehr grüne Chips unser eigen nennen, fühlen wir uns wohl. Alles andere wäre besorgniserregend.

Es ist dabei unerheblich, welches Alter der Besitzer der Konten hat: Ältere Menschen besitzen sehr hohe Chipstapel. Sie hatten einfach mehr Zeit, Chips anzusammeln. Kleine Kinder dagegen nennen winzige Stapel ihr eigen. Sie hatten bis heute weder Gelegenheit noch Zeit, mehr Chips anzusammeln.

Praxis-Tip

Ein hoher grüner Stapel Chips macht uns flexibler, besser gelaunt und höher belastbar. Wir verkraften auf uns zufliegende rote Chips dann viel leichter! Da ein großer Teil unserer biologischen Funktionen im Körper durch emotionelle Einflüsse direkt gesteuert oder zumindest beeinflußt wird (denken Sie an das Gebiet der Psychosomatik), fühlen wir uns mit vielen grünen Chips auf dem Konto nicht nur mental besser, sondern auch körperlich!

Wichtige Erkenntnis:

Entscheidend für unser Empfinden ist nicht die absolute Höhe unserer Kontostapel (diese wachsen ja in unserem Modell von der Geburt bis zum Tode endlos), sondern die Höhendifferenz zwischen dem Stapel grüner Chips und dem mit den roten. Je größer die Höhendifferenz der beiden Kontostapel ist, desto mehr Platz ist für eventuelle weitere rote, bis wir anfangen, uns unwohl zu fühlen. Je größer die Höhendifferenz, desto lockerer und gelassener gehen wir mit empfangenen roten Chips um.

Auf die persönliche Tagesform achten

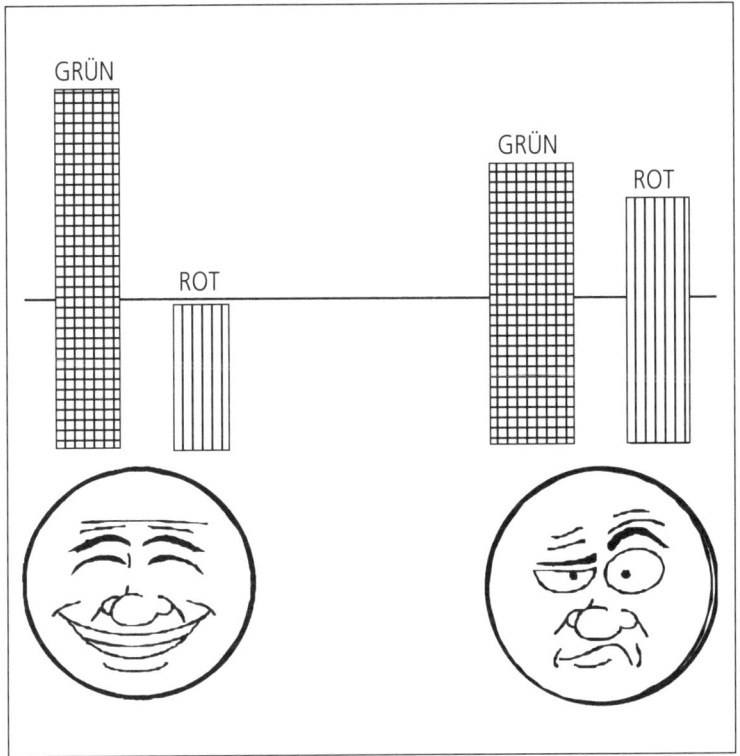

Welche Chips stürmen überraschend, oft aber auch angstvoll erwartet auf Sie ein?

Bei flüchtigem Überlegen kommen Sie sehr rasch zu der Erkenntnis: Es sind die roten!

Dies entspricht auch den Antworten fast aller unserer Seminarteilnehmer. Diese Antwort ist richtig – und zugleich falsch! Würden wir gemeinsam etwas genauer nachdenken, so kämen wir rasch zu der Überlegung, daß es wahrscheinlicher ist, daß beide Chipfarben (also positive wie negative Emotionen) ziemlich gleichwertig auf uns einströmen, wobei Ausnahmen diese Regel natürlich nur noch bestätigen.

Praxis-Tip

Rote Chips sind für unser Wohlbefinden und unsere Körperfunktionen (Psychosomatik) gefährlich, unsere Psyche ist gegenüber diesen Chips wesentlich sensibler und aufmerksamer als gegenüber grünen Chips. Diese sind herzlich willkommen und werden gerne sofort auf das eigene Konto gelegt. Rote Chips stören die Körperfunktionen und das mentale Wohlbefinden. Deshalb müssen sie früh erkannt und – wenn möglich – sofort Gegenmaßnahmen eingeleitet werden.

Wichtige Erkenntnis

Wir bemerken rote Chips rascher als grüne, weil diese für uns gefährlicher sind. Diese permanente Vorsicht hat jedoch zur Folge, daß wir das Gefühl haben, rote Chips würden häufiger auf uns geworfen.

Das Gefühl, sich gegen rote Chips wenig wehren zu können, bringt uns dazu, selbst (eigenständig) nach grünen Chips zu suchen und damit für eine Erhöhung dieses Chipstapels zu sorgen.

Sie erinnern sich? Die Höhendifferenz zwischen den Stapeln ist entscheidend für unser Wohlbefinden. Diese permanente Suche nach grünen Chips ist völlig normal. Es gibt dafür auch andere Bezeichnungen:

- Bedürfnis nach Anerkennung und Liebe

- Wißbegierde

- Erfolgsstreben

- Übersteigerte Suche bezeichnen wir gerne mit dem (hier fälschlich verwendeten) Ausdruck „Profilneurose".

Beispiele:

- Wenn Sie viel Geld ausgeben, um in Trainerstunden Ihre Rückhand im Tennis zu verbessern, so tun Sie dies nur vordergründig, weil Sie es satt haben, Ihrem Gegner jedesmal nach dem Spiel ein Bier bezahlen zu müssen. Sie tun es vor allem, weil Sie damit ein (grünes) Erfolgserlebnis generieren.

- Wenn man Frauen fragt, warum sie sich bezaubernde Spitzendessous kaufen, obwohl (entsprechend ihrer momentanen Lebenssituation) kaum jemand außer ihnen selbst diese Zartheiten sehen wird, erhält man zur Antwort: „Ich tue dies für mich!" Das stimmt nur teilweise. Neben der attraktiven („grünen") Ausstrahlung der Wäsche auf seine Besitzerin spielt die Vorstellung eine Rolle, der Mann ihrer Träume könnte diese ebenfalls entdecken. Die Vorstellung liefert Grün!

- Ähnlich ist es mit Männern, die zu Hause akribisch Dinge sammeln, die keinen Menschen interessieren, oder die mit voll aufgedrehten Lautsprechern immer ein und dieselbe Straße auf und ab fahren. Das Bewußtsein, der einzige zu sein, der dieses oder jenes besitzt oder kann, liefert Grün!

■ Viele versuchen, durch Imitation Grün zu gewinnen, indem sie erfolgreiche Personen kopieren. Menschen, die in Westeuropa mit Cowboystiefeln, entsprechendem Hut, Gesicht und Gang durch die Gegend laufen, versuchen ebenso dadurch grüne Chips zu gewinnen wie Jugendliche, die ihre Kleider denen einer Popgruppe anpassen.

■ Viele Unternehmen veranstalten sogenannte „Incentives". Dies sind Leistungswettbewerbe, die nichts anderes sind als Karotten, die man einem Esel vor die Nase hängt. Die grünen Chips in diesen Incentives sind die sogenannten „Rennlisten". Das Erreichen vorderer Plätze in diesen Ranglisten liefert ebenfalls grüne Chips.

Diese leidenschaftliche Suche nach Grün hat einen weltweit bekannten Namen: „Motivation". Deshalb ist es unsinnig, als Außenstehender andere Menschen motivieren zu wollen. Dies geht nicht! Jeder Mensch ist selbst für seine Motivation zuständig! Man kann allerdings sehr wohl Menschen ein Umfeld bzw. Möglichkeiten bieten oder wegnehmen, welche diesen Menschen die Suche nach Grün erleichtern, verwehren oder sogar unmöglich machen, sie also „demotivieren".

Wichtig:

Alle Menschen dieser Welt haben das Bedürfnis, bestimmte Dinge zu tun, nur um grüne Chips zu erlangen.

Checkliste

Die wichtigsten Erkenntnisse für Sie

- Wir empfangen und vergeben (wir handeln) permanent positive und negative Emotionen.

- Das FM-Prinzip visualisiert diese Emotionen in großen oder kleinen, grünen (positiven) oder roten (negativen) Chips (Scheiben, Punkten).

- In unserer Vorstellung sammeln und stapeln wir unsere Chips auf getrennten roten und grünen Konten.

- Was dabei „rot" und was „grün" ist, bestimmt jeder Mensch für sich ganz persönlich! Für den einen ist frühes Aufstehen ein „rotes" Problem, der andere genießt diese Augenblicke.

- Für unser Wohlbefinden und unsere Kommunikationsfähigkeit ist ausschließlich die Höhendifferenz zwischen den beiden Stapeln entscheidend. Je mehr grüne und je weniger rote Chips – desto besser.

- Je geringer diese Höhendifferenz ist und je rascher die roten Chips zunehmen, desto mehr haben wir das Bedürfnis, nach grünen Chips zu suchen.

- Alle Menschen reagieren nach dem gleichen Schema!

Das FM-Prinzip anwenden
– ein Praxis-Beispiel

Der Tag des Herrn Peter Irgendwer

An dieser Stelle möchte ich Ihnen zum ersten Mal Herrn Irgendwer vorstellen. Peter Irgendwer ist Angestellter in einem mittel-
ständischen Unternehmen. Er ist verheiratet, hat zwei Kinder und
ist mit sich und seinen Lebensumständen einigermaßen zufrieden. „Es hätte schlimmer kommen können", pflegt er zu sagen,
wenn es einmal ganz schlimm kommt.

Der Tagesablauf von Herrn Irgendwer wird Ihnen in fünf kleinen
Szenen präsentiert; dabei wird an Schlüsselstellen mit „Klappe!"
(wie im richtigen Film) unterbrochen, um das Verhalten und die
Gefühle zu analysieren.

Erste Szene:

Heute morgen ist irgend etwas im Leben von Peter Irgendwer anders. Er hat schlecht geschlafen. Eines der Bierchen gestern
abend bei Freunden muß wohl schlecht gewesen sein. Er war
schon um vier Uhr früh wieder wach und hatte sich lange im Bett
herumgewälzt. Dabei hatte er seine Frau aus Versehen geweckt,
die im Umdrehen nur „Mach nicht so einen Krach! Schlaf endlich!" murmelte. So war er dann, nach weiteren vergeblichen
Schlafversuchen, um fünf Uhr früh aufgestanden und todmüde in
Richtung Bad gelaufen. Dabei war er (wieder einmal) gegen den
Türrahmen gestoßen und hatte anschließend die vor der Tür lie-
gende Dackeldame beleidigt, indem er ihr auf den Schwanz ge-
treten war. Als er noch verschlafen die eiskalte Dusche zuerst auf-
gedreht und sich beim Rasieren geschnitten hatte, wurde seine
Stimmung noch deutlich schlechter.

Klappe!

Sehen wir uns kurz an, was in dieser kurzen Zeit in bezug auf grüne und rote Chips bei Herrn Irgendwer passiert ist:

Bis gestern abend war die Differenz zwischen seinen beiden Chipstapeln mehr oder weniger akzeptabel. Ausreichend grüne Chips waren vorhanden. Doch spätestens, als Herr Irgendwer aus unbestimmtem Grund nicht einschlafen konnte, sammelten sich auf seinem roten Konto erst kleine, dann auch etwas größere rote Chips an. Seine gestörte Partnerin lieferte mit ihrer Bemerkung unabsichtlich weitere rote. Der Türrahmen konnte auch nichts dafür, daß er Herrn Irgendwer im Wege war und damit Rot lieferte. Bis zu dem Aufjaulen seiner Dackeldame mit dem netten Namen „Linchen" hatte die Höhe seines Stapels negativer Chips enorm zugenommen, ohne daß er im Grunde dafür irgendeine Schuld trug! Irgendwie fing dieser Tag „krumm" an. Eigentlich wäre es besser gewesen, sofort wieder ins Bett zu gehen.

Auf Peter Irgendwer ging ein Regen kleiner roter Chips nieder. In diesem Moment fing seine Psyche an, aufmerksam zu werden. Das mit der Zunahme der roten Chips ging ihr einfach zu rasch. Grüne waren noch nicht in Sicht. Umgehend begann sie zu versuchen, möglichen weiteren roten Chips aus dem Weg zu gehen.

Zweite Szene:

Herr Irgendwer hat sich rasiert, hat geduscht und ist dabei, sich zu frisieren. Aber da gibt es eine Haarsträhne, die will und will einfach nicht nach hinten. Nach zwei vergeblichen Versuchen resigniert Herr Irgendwer. „Ach, was soll's – ist egal heute!" Er geht zum Kleiderschrank und sucht seine Kleidung zusammen. Als er versucht, seine Krawatte zu binden, muß er mehrere Male ansetzen. Zu kurz – zu lang. Wiederum reagiert er ungeduldig. „Ist heute nicht so wichtig. Bin ja nur im Büro", blitzt es in seinem Gehirn auf. Besser wird seine Stimmung allerdings auch dadurch nicht.

Wenig später sitzt Peter Irgendwer im Auto und kämpft sich von einer roten Ampel zu nächsten in Richtung seiner Arbeitsstätte. Als sich ein anderer Autofahrer in die Wagenschlange drängen möchte, steigt er unwirsch auf die Bremse. „Jetzt fahr doch schon, du Depp!" murmelt Herr Irgendwer, trommelt mit den Fingern auf das Lenkrad und wartet ungeduldig, bis sich der Verkehrspartner eingereiht hat.

Klappe!

Nachdem heute früh die roten Chips so rasch zugenommen haben, versucht die Psyche von Herrn Irgendwer immer heftiger, möglichen weiteren roten aus dem Weg zu gehen, sie „nicht ernst zu nehmen". Was „rot" ist, bestimmt dabei er selbst! Er wird ungeduldiger und gibt sich mit widerspenstigen Locken und schlecht gebunden Krawatten nicht mehr weiter ab.

Mitmenschen, die sich ungeschickt verhalten, begegnet er mit leisen Lästereien und Nörgeleien. Seine Psyche versucht immer verzweifelter, rote Chips nicht wahrzunehmen. Dies gelingt ihr jedoch mit der Zeit immer weniger!

Dritte Szene

Herrn Irgendwers Pech hält an. Viel Verkehr, schlechtes Wetter und unangenehme Nachrichten im Autoradio tragen mit kleinsten roten Chips dazu bei. Wenige rote Ampeln weiter gestattet er es Autofahrern nicht mehr, sich vor ihm in die Kolonne einzureihen. Er tritt mit einem geknurrten „Stell dich gefälligst hinten an!" kurz aufs Gas und schließt die Lücke zum Vordermann. Dies nützt jedoch alles wenig. Sein Parkplatz vor dem Bürogebäude ist besetzt! Er muß weiter hinten einen neuen Platz suchen. Auf dem Fußweg zum Büro muß er umkehren, weil er etwas im Wagen vergessen hat. Dabei beginnt es zu regnen. Er schafft es nicht bis zur Tür, ohne naß zu werden. Als er sein Büro betritt, kommt ihm eine Kollegin entgegen und hält ihm wortlos eine ihm bekannte Akte unter die Nase. „Muß das jetzt sein? Jedes Mal kommst du zu mir mit dem Kram!", entfährt es ihm, inzwischen mit leicht verkniffenem Mund!

Klappe!

Hier geht es bei den Reaktionen des Herrn Irgendwer einen bemerkenswerten und entscheidenden Schritt weiter! Vor wenigen Minuten, als er noch unbewußt versucht hat, roten Chips einfach „aus dem Weg zu gehen", hätte er auf das Anliegen der Kollegin wahrscheinlich noch mit einem „Ja, ja. Leg's mal in mein Büro. Ich hole mir erst einmal einen Kaffee!" reagiert.

Sein bisheriges Aus-dem-Weg-Gehen hat keinen Erfolg gezeigt. Grüne Chips gab's nicht. Kleine und größere rote dagegen sehr wohl. Aus diesem Grunde verschärfen sich die Reaktionen von Peter Irgendwer. Er fängt an, (für ihn) rote Chips abzublocken, ihre Annahme zu verweigern. Während seine Umgebung bisher kaum etwas bemerkt hätte, fällt sein Verhalten von nun an auch seiner Umgebung auf. Weil dies eine Schlüsselsituation ist, der wir täglich oft begegnen, sehen wir sie uns etwas genauer an:

- „Muß das jetzt sein?" – So wird der rote Chip abgeblockt wie ein Tennisball von einem Spieler, der dicht am Netz steht. Dieses „Because-I-said-so-Stadium" („weil ich das so will") erleben wir häufig. Ein Beispiel aus dem Alltag: „Mami, kann ich ein Eis haben?", fragt das Kind. „Nein", kommt es kurz und bündig über Mutters Lippen. Daraufhin das Kind: „Warum nicht?" „Weil ich das nicht will! Basta.", blockt die Mutter den für sie roten Chip ab, sich Umstände mit dem Kauf einer Eistüte machen zu müssen. Daß dabei so mancher grüne gleich mit abgeblockt wird, geschieht übrigens häufig.

- Eine Äußerung von Peter Irgendwer ist sehr interessant: „Muß das jetzt sein? Jedes Mal kommst du zu mir mit dem Kram!", sagt er. Hier wird, kurz nachdem der ankommende rote Chip zurückgeworfen wird, sogar ein kleiner roter hinterhergeschossen! Herr Irgendwer ist nicht mehr gewillt, weiter rote zu akzeptieren! Er fängt an, auszuteilen.

Wir erleben diese Situation sehr oft. Hierzu folgen nun zwei Beispiele aus dem täglichen Leben:

- Auf einer Party nimmt Herr „A" Herrn „B" aufs Korn: „Na, was hast du denn da für schöne Bildchen auf deiner Krawatte?" Herr „B" reagiert auf den roten Chip umgehend entweder mit einem Ausweichen oder mit einem Zurückwerfen.

  - Ausweichen: „Wieso fragst du – gefällt sie dir nicht?"

  - Zurückwerfen: „Na, deine Krawatte ist ja auch nicht gerade die Schönste!"

- In einem Unternehmen macht Herr „A" seinen Kollegen, Herrn „B", auf einen Arbeitsfehler aufmerksam: „Du hast schon wieder vergessen, die Belege mit dazuzuheften!" Herr „B" wirft sofort den roten Chip zurück: „Ach, kümmere dich doch um deinen eigenen Kram!"

- Kommunikation zwischen einem kleinen Mädchen und seiner gestreßten Mutter: Das Mädchen: „Mami, darf ich in den Garten?" Die Mutter: „Nein!" Das Mädchen: „Warum nicht?" Darauf die Mutter: „Weil ich das so will! Wie wäre es, wenn du erst einmal auf dein Zimmer gehst und aufräumst, anstatt mich zu nerven!"

Wichtige Erkenntnis

Allen diesen willkürlich herausgegriffenen Situationen begegnen wir in ähnlicher Form täglich. Wir merken nun rasch, daß die Reaktionen bei ungünstigem Chip-Kontostand heftiger, leichter bemerkbar und unangenehmer werden.

Wir alle heißen Peter Irgendwer! Wenn rote Chips ungebeten und zu rasch auf unserem Konto eintreffen, reagiert unsere Psyche umgehend. Sind genügend grüne Chips vorhanden, so fällt diese Reaktion sanfter aus, als wenn dies nicht der Fall ist.

Unsere erste Reaktion ist immer der Versuch, weiterer roten Chips aus dem Weg zu gehen. Sie merken dies auch bei sich selbst, wenn Sie unbewußt versuchen, sich nicht näher mit (von Ihnen subjektiv „rot" eingestuften) störenden Emotionen zu beschäftigen.

Gelingt dies nicht, so werden die Reaktionen heftiger – und von der Umwelt eher bemerkt. Während das Aus-dem-Weg-Gehen noch weitgehend verdeckt und „privat" verläuft, ändern wir nun auch unsere Art, mit unseren Mitmenschen umzugehen.

Nach dem vergeblichen „Ausweichen" folgt nun ein mehr oder weniger starkes „Verweigern", rote Chips anzunehmen. Dieses Verweigern kann aber für Außenstehende manchmal wie Starrsinn oder Rechthaberei aussehen.

Vierte Szene:

Die Chipkontostände von Peter Irgendwer erlauben keine großen Manöver mehr. So langsam sollten ein paar grüne eintreffen. Doch dieser Tag ist einfach nicht sein Tag. Kaum betritt er sein Büro, passiert etwas Schreckliches:

Die ersten Worte, mit denen sein Kollege ihn dort begrüßt, haben die Wirkung einer mentalen Granate: „Mensch, gut, daß du da bist!", ruft sein Kollege laut und etwas hektisch.

Wie hergezaubert schwebt in diesem Moment ein riesengroßer roter Chip über dem Kopf von Peter Irgendwer! „Um Gottes Willen, was ist passiert?", lautet der Titel des Emotionsfilms, der in dieser Sekunde zu laufen anfängt. Doch es geht weiter. Der Kollege: „Du sollst um zehn Uhr dringend zum Chef kommen!" Nun taucht blitzartig, neben dem ersten großen, ein zweiter roter Riesenchip über dem Kopf von Herrn Irgendwer auf!

Schlagartig verschlechtert sich dessen Laune noch mehr, und sein Gehirn ist die nächsten sechzig Minuten dabei, nach Gründen für diesen Wunsch seines Vorgesetzten zu forschen (also zu prüfen, wie groß und mächtig denn diese über seinem Kopf schwebenden roten Chips sind).

Die Folge: Sein Verhalten anderen Menschen gegenüber wird noch mürrischer, ablehnender und aggressiver, denn weitere rote kann er nun wirklich nicht mehr gebrauchen.

Klappe!

Als Herr Irgendwer sein Büro betrat, wurde er (sowieso schon leicht ablehnend gegen alles „Rote") mit den Worten „Mensch, gut, daß du da bist" überfallen. Wir alle haben uns daran gewöhnt, daß das meiste, das unerwartet auf uns einstürmt, „rot" gefärbt ist. Dies stimmt zwar, objektiv gesehen, sicher nicht. Es wird aber von uns so empfunden, da unsere Psyche mehr darauf ausgerichtet ist, gefährliche rote Emotionschips frühzeitig zu entdecken, als sich an grünen zu erfreuen.

Stellen Sie sich doch vor, Sie würden nach Hause kommen und von Ihrer Partnerin bzw. Ihrem Partner mit hektisch ausgestoßenen Worten „Ach, gut, daß du da bist" begrüßt werden. Wohl kaum würden Sie das als Liebeserklärung oder Ausbruch von Freude interpretieren. Bei Ihnen würde blitzartig der Gedanke auftauchen: „Hoppla, was ist denn jetzt los?"

Wenn Sie ein Polizist mit seiner Kelle mit Ihrem Wagen zur Seite bitten würde, dann würde dies ebenso eine überraschende Kommunikation mit gleicher Wirkung darstellen und eine negative Erwartungshaltung auslösen. In Ihrem Kopf würde mit Sicherheit ein ganz bestimmter Film ablaufen, der rote Chips erwarten läßt. „Bin ich angeschnallt? Ja! Habe ich etwas getrunken? Nein! Jetzt muß ich lächeln! Guten Tag, Herr Polizist ..." Und dann sind Sie sehr erstaunt, wenn der Polizist Sie nur lächelnd darauf aufmerksam macht, daß Ihr Mantel in der Wagentüre eingeklemmt ist.

So geht es auch Herrn Irgendwer. Er hat keine Ahnung, ob der „Mensch-gut-daß-du-da-bist-Chip" wirklich rot ist. Aber er setzt es automatisch voraus. Gleiches gilt für den „Du-sollst-um-zehn-Uhr-dringend-zum-Chef-kommen-Chip".

Zum Vorgesetzten gerufen zu werden, ist für die meisten Menschen „rot"! Meist stimmt dies ja auch – und es ist ein Armutszeugnis für viele Vorgesetzte, die sich dessen gar nicht bewußt sind.

Wichtige Erkenntnis

Über vielen Menschen in Ihrer Umgebung – vielleicht auch über Ihnen selbst – schweben riesengroße rote Chips. Nicht nur zwischen 9:00 und 10:00 Uhr, wie bei Herrn Irgendwer, sondern monate- oder jahrelang! Denken Sie nur beispielsweise an einen bedauernswerten Menschen, der nach einer Krebsbehandlung nicht sicher sein kann, ob er die nächsten fünf Jahre überleben wird!

Denken Sie an jemanden, dessen Partner bzw. Partnerin gedroht hat, sie bzw. ihn zu verlassen und der bzw. die nun das grausame Spiel mit psychischer Abhängigkeit erleidet.

Denken Sie an Menschen, die an ihrem Arbeitsplatz täglich Zermotivierung, Diskriminierung, Drangsalierung oder Mobbing ausgesetzt sind. Alle diese Menschen reagieren schon zu diesem Zeitpunkt extrem deutlich und ablehnend auf alles, was auch nur „rosa" aussieht!

Als Außenstehender jedoch kennen Sie kaum die Hintergründe und Ursachen dieser Reaktionen. Sie sehen nur das aggressive, ablehnende oder mürrische Verhalten des Menschen. Sie sehen Nörgler und Menschen, die sich permanent in Szene zu setzen versuchen. Welche Ursachen die über ihm schwebenden roten Chips haben, wissen Sie fast nie.

Wichtig:

Wenn Sie also einen Menschen vor sich haben, der sehr heftig, unangenehm und ablehnend reagiert, so ist dies kein „dummer Hund", kein „unleidliches Ekel" und kein „ewiger Nörgler", sondern schlicht ein Mensch, über dem mit sehr großer Wahrscheinlichkeit einige riesengroße rote Chips schweben. Wie rot und wie groß, das bestimmt der Betroffene selbst. Dieser Mensch wird Ihnen – von sich aus – nur sehr selten erzählen, woher seine roten Chips kommen. Meist erfordert dies ein geschicktes Kommunizieren, dessen Werkzeuge Sie weiter hinten auf den Seiten 79 ff. in diesem Buch kennenlernen werden.

Fünfte Szene:

Herr Irgendwer verbringt die Stunde bis zehn Uhr mit unwilligem Abwarten. Der drohende rote Chip von seinem Chef (warum sollte dieser ihn sonst so dringend sprechen wollen?) paralysiert ihn regelrecht.

Um zehn Uhr bewahrheiten sich dann diese Befürchtungen. Sein Vorgesetzter möchte seine Stellungnahme zu einem Fehler, den Herr Irgendwer schon mehrfach gemacht hat, und droht undiplomatisch mit ernsten Konsequenzen. Peter Irgendwer ist einem Regen von roten Chips ausgesetzt. Instinktiv versucht sein Gehirn, diesen Regen zu ignorieren. Herr Irgendwer versucht, weg-zuhören und sich auf etwas anderes zu konzentrieren. Er ist froh, als er das Chefzimmer wieder verlassen kann. Ihm klingen noch die letzten Worte seines Chefs in den Ohren: „Ich erwarte, daß Sie Ihre Arbeit sorgfältig, fehlerfrei und motiviert verrichten! Sonst muß ich mir etwas einfallen lassen."

Peter Irgendwer hat im Moment unbewußt den Drang, seinem Chef die empfangenen roten Chips einfach zurückzuwerfen. Ihm den „Kram hinzuschmeißen". Dies jedoch ist nicht so einfach. Schließlich sind gute Arbeitsplätze rar. Der Rest des Tages ist für Peter Irgendwer eine Qual. Wehe dem, der ihm heute noch in die Quere kommt!

Klappe!

Beenden wir hier die Schilderung dieses unerfreulichen Tages ei-nes netten Herren, aber bleiben wir noch ein wenig bei der Situa-tion, in der er sich zu diesem Zeitpunkt befindet.

Herr Irgendwer hat plötzlich viele relativ große rote Chips auf seinem Konto verbuchen müssen, gegen die er sich im Moment des Empfanges nicht wehren konnte. Daran, daß dieser Vorge-setzte seinerseits wenig Ahnung von Führungskommunikation hat (jemanden „runterputzen" und zugleich motiviertes Verhal-ten einfordern, zeugt von Unfähigkeit, Menschen zu führen und ist ein bei vielen Führungskräften anzutreffendes Fehlverhalten), denkt Herr Irgendwer im Moment nicht. Er konnte die empfan-genen roten Chips seinem Chef nicht direkt zurückwerfen. Dies hätte unabsehbare Folgen gehabt. Da aber noch kaum „grün" auf seinem Konto an diesem Tag eingetroffen ist, hat er das im-mer dringender werdende Bedürfnis, die roten wieder loszuwer-den.

Achtung:

Der Versuch, rote Chips nach oben, an höher gestellte Absender zurückzuwerfen, ist verständlich und üblich. Dabei muß „oben" nicht unbedingt ein Vorgesetzter sein! Oben kann auch sein:

- die Regierung
- eine Krankheit
- ein Mensch, von dem man emotionell stark abhängig ist
- alle, die immer auf einem herumhacken
- in der Firma „die da oben"

Wir versuchen immer zuerst, die „von oben" kommenden roten Chips „nach oben" zurückzuwerfen. Dies äußert sich in Staatsverdrossenheit, Steuerbetrug, Politikerschelte und Wahlverweigerung oder Protestwahl, Krankheitsquoten, destruktiven Nörgeleien, oder – im schlimmsten Fall – kriminellen Handlungen wie Sabotage, zerstörte Telefonzellen, Ladendiebstahl, Reifenstechen und Telefonterror.

Vor gar nicht so langer Zeit hat ein bekannter Unternehmensberater in einem großen Automobilunternehmen einen interessanten Versuch gestartet. Er hatte festgestellt, daß einer von zwei Werkmeistern (die beide exakt die selben Aufgabenstellungen hatten und gleichviele Mitarbeiter an zwei Produktionsstraßen überwachten) eine extrem hohe Krankheitsquote bei seinen Mitarbeitern auswies, während der andere kaum Kranke zu verzeichnen hatte. Der Berater ließ die beiden Werkmeister ihre Produktionsstraßen unter einem Vorwand tauschen. Und siehe da: Innerhalb weniger Monate begannen auch die Krankheitsquoten zu wechseln!

Wichtig:

Menschen, die rote Chips nach oben zurückwerfen möchten, sind relativ hilflos und versuchen unbewußt, den einzig möglichen

Weg zu gehen: Sie „verweigern". Sie sind tatsächlich früher oder länger krank, ich spreche also hier nicht von „Blaumachern".

Was aber tun, wenn diese „nach oben geworfenen" roten Chips ihre Absender nicht sichtbar erreichen? Oft verpuffen sie einfach: So mancher Konzernchef träumt, durch sein direktes Umfeld gut abgeschirmt, seine Visionen und redet salbungsvolle Worte, während auf den unteren Ebenen seines Unternehmens längst der Kommunikationskrieg ausgebrochen ist.

Praxis-Tip

- Wir wollen (müssen) rote Chips loswerden, wenn wir nicht parallel dazu eine Anzahl von grünen empfangen.

- Wenn wir rote Chips nicht nach oben zurückwerfen können, so werden wir unweigerlich nach kurzer Zeit versuchen, die Chips in unserem direkten Umfeld loszuwerden.

Psychologen kennen den folgenden Effekt: Es genügt, daß ein Vorgesetzter in einem Team von zehn Personen eine Person über einige Zeit hin verstärkt mit roten Chips bewirft. Schon nach relativ kurzer Zeit wird die betroffene Person reagieren. Zuerst wird sie unbewußt versuchen, diese Chips „nach oben" zurückzuwerfen. Bald schon wird sie jedoch ihre Strategie wechseln und die Chips horizontal an gleichrangige Kollegen weiterzugeben versuchen. Zahlreiche gut funktionierende Teams werden auf diese Weise von Führungskräften zerschlagen.

Kaum aber hat jeder im Team einen Zustand erreicht, in dem er die roten Chips des Kollegen nicht mehr akzeptiert (sie also ebenfalls sofort weitergibt oder zurückwirft), ist nicht nur das Teamgefühl verschwunden. Wie ein Tennisball, den man schräg gegen die Wand wirft und der dann wild im Zimmer herumprallt, springen rote Chips von einem Teammitglied zum nächsten. Bald sucht sich jeder im Team neue Opfer – in anderen Abteilungen oder eine hierarchische Ebene tiefer. Man nennt diesen Effekt auch „Zerstörung der Kommunikationskultur in einem Unternehmen".

Auch privat werden rote Chips rasch erst horizontal, später vertikal „nach unten" weitergegeben. Erst an Freunde, Partner(innen) und die Kinder, später an ahnungslose Briefträger, Kassiererinnen, Beamte und an leblose Gegenstände.

Scheinbar unbemerkt werfen wir diese Chips irgendwann auch auf uns selbst! Magengeschwüre, Schlafstörungen und Neurosen sind die Folge. Ärzte wissen um dieses Phänomen. Der Volksmund spricht von „Ärger in sich hinein fressen".

Aber auch dieses Verhalten, die roten Chips auf scheinbar Schwächere zu werfen, führt nicht zum Erfolg. Erstens ist es nicht sehr befriedigend, jemandem wehzutun, und zweitens wird damit ein Kreislauf in Gang gesetzt. Der Mann schlägt die Frau, die schlägt das Kind. Dieses tritt den Hund, und der beißt den Mann.

Achtung:

In dieser psychologischen Sackgasse befinden sich sehr viele Menschen. Jeder beurteilt auf seine Weise, was rot und was grün ist. Und viele Menschen auf dieser Welt sehen keinen Weg, ihre (!) roten Chips loszuwerden.

Dieses Zwangslage führt irgendwann zu dem Moment, in dem sich unsere Gehirne daran erinnern, was für das Wohlfühlen wichtig ist: Möglichst viel mehr grüne Chips als rote. Und somit fangen wir an, fieberhaft nach grünen Chips zu suchen!

Dies ist der Moment, in dem Frauen nach einem Streit zehn Paar Schuhe auf einmal kaufen oder in dem sich Männer im Alter von sechzig Jahren ein schnelles Motorrad kaufen, um Easy Rider spielen zu können.

Und wenn Frauen kein Geld für zehn Paar Schuhe haben, dann putzen sie viermal in der Woche die Fenster oder flüchten sich per Boulevardblatt in die Ablenkung der königlichen Häupter in aller Welt. Und wenn Männer kein Geld für ein teures Motorrad haben, dann fechten sie mit allen Mitteln in einem Wahlkampf, nur um zweiter Kassierer im Briefmarken- oder Golfklub zu werden.

Das „Guiness Buch der Rekorde" ist voll von diesen nach grünen Chips suchenden Menschen. Wir können streiten, ob diese Rekorde wichtig für die Menschheit sind, aber für den Rekordhalter ist die Tatsache, daß er in diesem Buch steht, ein riesiger grüner Chip!

Pubertäre Jugendliche sind naturgemäß sehr „rot-belastet". Dies hat auch mit ihrer Lebensphase zu tun. Die Industrie nützt die damit verbundenen, hier besonders großen Bedürfnisse nach Grün durch raffinierte Werbung gezielt aus. Und die Jugendlichen greifen prompt nach allem, was auch nur „hellgrün" aussieht: Hosen müssen XXXL-groß sein und Mützen seitenverkehrt getragen werden. Werbestrategen beschleunigen diese Chipsuche, indem sie in immer kürzeren Abständen dafür sorgen, daß die eben erhaltenen grünen Chips der Anerkennung ihre Farbe verlieren, weil neue, wertvollere grüne auf dem Markt der Selbstbestätigung auftauchen.

Das immer heftiger werdende Bedürfnis, nach grünen Chips suchen zu müssen, ist nicht von sozialen Ebenen oder von Gehaltsklassen abhängig. Auch Millionäre setzen sich unter Umständen unsinnigsten Situationen aus, nur um etwas „Grün zu ernten".

Achtung:

Auch Protesthaltungen (Auffallen um jeden Preis) sind oft nichts anderes als der Hilfeschrei nach Grün! Daß wir als nicht betroffene Personen diese Hilfeschreie unter Umständen lächerlich und unnötig finden, hat nichts damit zu tun, daß die betroffene (symbolisch damit um Hilfe rufende) Person sehr wohl dieses Empfinden hat. Manchmal ist sie sich dessen selbst nicht einmal bewußt.

> **Praxis-Tip**
>
> Je weniger diese Suche nach grünen Chips erfolgreich ist und je mehr die subjektiv rot eingestuften, negativen Emotionen anhalten, desto absurder und unlogischer werden die Handlungen der Betroffenen.

Wenn wir zu einer 65 Jahre alten Dame weissagen würden: „Es kommt bald ein 35 Jahre alter Mann, der Ihnen erklären wird, Sie seien die Frau seines Lebens. Dafür werden Sie ihm dann Ihr gesamtes Vermögen überschreiben, woraufhin er spurlos verschwinden wird", würde sie uns für verrückt erklären und auslachen. Und trotzdem passiert genau dies in aller Welt täglich. Hunderte Frauen werden von Heiratsschwindlern übers Ohr gehauen.

Wenn wir einem 50 Jahre alten Topmanager weissagen würden, er werde mit der 17 Jahre alten Praktikantin, ein Stockwerk tiefer in seinem Unternehmen, für ein Wochenende in einem Hotel absteigen. Man werde ihn dabei entdecken. Dies führte dann dazu, daß er seinen Job, seine Ehefrau und sein halbes Vermögen verlieren werde", so würde dieser Manager an unserem Verstand zweifeln. Und trotzdem tun genau dies Hunderte Topmanager und Spitzenpolitiker in aller Welt!

Wichtig:

Aber warum tun Menschen so etwas? Der Heiratsschwindler und die Praktikantin liefern exakt das, was die nette ältere Dame und der gestreßte Topmanager dringend benötigen: Grüne Chips in Form von Zuneigung, Anerkennung, Bewunderung, Sicherheit und vieles mehr.

Jeder von uns würde – entsprechend ungünstig aussehende Chipkonten vorausgesetzt – so unsinnig und situationsblind handeln, auch wenn die Aktionen selbst unterschiedlich aussehen mögen.

Wenn diese Suche nach grünen Chips längere Zeit erfolglos bleibt, so steigert sich die Vehemenz der Ablehnung von roten Chips ebenso wie die fieberhafte Suche nach grünen. Es gibt Menschen, die in diesem Zustand vor lauter unbewußtem Mißtrauen nicht einmal mehr bereit sind, selbst grüne Chips anzunehmen. Wenn Sie als Freund diesen Menschen zu einem Bier einladen würden, so würde er antworten: „Was willst du von mir?"

Mit eskalierender rot-grün-Situation eskalieren auch die Handlungsweisen. Sicher kennen Sie Menschen, die fast permanent extrem sarkastisch sprechen und bei jeder sich bietenden Gelegenheit rote Chips um sich werfen. Menschen, die extrem nachtragend sind und zu heftigen Revancheattacken neigen. Daß diese Menschen damit immer mehr Porzellan zerschlagen, sich also immer mehr den Weg zu grünen Chips selbst verbauen, merken sie nicht. Männer mit extrem ausgeprägtem Chauvinismus werden kaum charmante Frauen näher kennenlernen. Frauen, die allen Männern von vornherein mißtrauisch und mit Vorurteilen begegnen, werden kaum fürsorgliche Partner finden. Zahlreiche Ehestreite verlaufen nach diesem Muster: „Wie du mir, so ich dir!", oder schlicht und einfach: „Na, dem (der) werde ich es zeigen!"

Achtung:

Das Ende dieser Reaktions- und Handlungskette sind Resignation, Depression, Nervenzusammenbruch, Suizid auf der einen und extreme Aggression, mörderischer Amoklauf, oder hilfeschreiende Panikmaßnahmen (z.B. Geiselnahmen) auf der anderen Seite.

Checkliste

Gefühle richtig einschätzen

- Nach dem FM-Prinzip handeln wir alle permanent mit Emotionen. Um diese Emotionen klassifizierbar zu machen, benötigen wir eine „Maßeinheit". Unsere Maßeinheit (unsere Währung) sind Chips. Rote Scheiben (Chips) machen negative und grüne Chips positive Emotionen „sichtbar". Es gibt winzig kleine und riesengroße Chips, je nach Gewichtung und Wirksamkeit der „Emotionseinheiten".

- Jeder Mensch bestimmt selbst und individuell, was für ihn rot und was grün gefärbt ist.

- Jeder Mensch (ohne Ausnahme!) reagiert unbewußt auf Schwankungen in seinen Chipkontoständen. Bei Zunahme der roten Chips (ohne nennenswerten grünen Ausgleich) sehen diese Reaktionen in der Reihenfolge ihrer Heftigkeit wie folgt aus:

  - Wir versuchen, roten Chips „aus dem Weg zu gehen" oder sie nicht wahrzunehmen.

  - Wir versuchen, rote Chips „abzublocken" und negative Emotionen nicht an uns heranzulassen („Das ist mir völlig egal ...")

- Wir werfen rote Chips umgehend an den Absender zurück. Am ehesten dann, wenn das Gegenüber sozial und hierarchisch gleichrangig oder tiefergestellt ist. Kommen die roten „von oben", so versuchen wir erst einmal (meist vergeblich), rote Chips „nach oben" zurückzuwerfen, was „oben" jedoch selten Wirkung zeigt.

- Wenn es uns längere Zeit nicht gelingt, rote Chips nach oben oder auch horizontal zurückzuwerfen, so verteilen wir diese Chips nach unten, auf die scheinbar Nächstschwächeren (dies können auch Gegenstände sein!).

- Ist auch dies subjektiv erfolglos, so fangen wir an, fieberhaft und mit immer größerem Aufwand nach grünen Chips zu suchen. Wir agieren dabei immer kopfloser und hektischer. Auch werden wir immer unsensibler, wenn es um das Erkennen von grünen Chips geht („Wir sehen die schönen Dinge im Leben nicht mehr").

- Sind wir mit allen diesen Versuchen erfolglos, so sind massive Verhaltensstörungen und extreme Reaktionen unausweichlich.

- Erst durch massiven Abbau von roten Chips oder durch umfangreichen Zulauf von grünen Chips findet unsere Psyche wieder zu Ruhe, Gelassenheit und überlegtem Handeln zurück.

Übung: Emotionen analysieren

Herr Schulze und sein Flug nach London

Erinnern Sie sich noch an Herrn Schulze? Der am Flughafen die arme Hosteß beschimpft hat? Ich habe Ihnen versprochen, daß wir ihn und alle in dieser Szene geschilderten Personen noch einmal betrachten und ihr Verhalten mit den individuellen roten und grünen Kontoständen vergleichen. Jetzt, da Sie die Spielregeln und Mechaniken der roten und grünen Chips kennen, werden Sie die Szenen mit ganz anderen Augen sehen. Nachfolgend also noch einmal (zur Übung) die Szenen, verbunden mit kleinen Chipanalysen.

Erste Szene:

Erst die Schwierigkeiten mit der neuen Mitarbeiterin. Sie wollte einfach nicht begreifen, daß er Wichtigeres zu tun hatte, als sich um sie zu kümmern. Dann das Papier mit den stagnierenden Quartalszahlen. Natürlich auch gleich danach der Anruf von der Zentrale in den USA. War da nicht ein drohender Unterton in den Sätzen seines Vorgesetzten gewesen? Und jetzt auch das noch: Stau auf dem Weg zum Flughafen.

Klappe!

Inzwischen erkennen Sie es bestimmt ohne meine Hinweise: Herr Schulze hat jede Menge Rot auf seinem Konto! Da ein großer Teil der roten Chips in der letzten Zeit „von oben kam", ist er sehr mißmutig. Die Quartalszahlen sind nicht allein sein Verschulden. Er fühlt sich diesbezüglich ohnmächtig. Die Vorwürfe aus den USA kommen ebenfalls für ihn „von oben", also von einer Stelle, gegen die er wenig Chancen hätte, wenn er versuchen würde, diese roten Chips zurückzuwerfen. Auch gegenüber der neuen Mitarbeiterin ist er – in Kenntnis ihrer Probleme – ärgerlich und relativ hilflos. Ihr die roten Chips vor die Füße zu werfen, hat wenig Sinn. Trotzdem versucht dies sein Unterbewußtsein immer wieder, denn es blickt inzwischen auf Kontostände, die eine Reduzierung der roten Chips sehr angeraten scheinen lassen.

Zweite Szene:

Als er den Taxifahrer bittet, eventuell einen Umweg zu fahren, um rascher am Ziel zu sein, knurrt der nur etwas von „Berufsverkehr" und von „früher wegfahren".

Herr Schulze war kurz vor dem Explodieren. Warum fahren immer mehr Typen Taxi, die nicht einmal richtig deutsch sprechen können. Auch zu blöd, daß er gerade heute nach London fliegen soll. Als wenn es nichts Wichtigeres zu tun gäbe. Er hatte noch versucht, unaufschiebbare Arbeiten zu übergeben, aber da hat niemand so recht zugehört. Schon gar nicht Frau Meier, diese lahme Schnecke. Endlich fährt das Taxi vor die Abflughalle. Herr Schulze drückt dem Fahrer einen Geldschein in die Hand, verzichtet ärgerlich auf das Wechselgeld (dazu ist wegen des nervenden Staus auf der Autobahn keine Zeit mehr) und hetzt durch die Abflughalle zum Schalter, um einzuchecken. Dort stößt er, sich an gemächlich dahinbummelnden Touristen vorbeidrängend und leise vor sich hin fluchend, auf eine junge Mitarbeitern der Fluggesellschaft, die gerade mit einem anderen Passagier beschäftigt ist.

Klappe!

Im Verlauf dieser beiden Stunden trifft Herr Schulze mehrfach auf Menschen oder Situationen, die seine roten Chips entweder nicht zur Kenntnis nehmen oder wirkungslos verpuffen lassen. Der Taxifahrer läßt die roten Chips von sich abprallen. Solche Fahrgäste erlebt er jeden Tag. Außerdem ist sein Kontostand so, daß er diese roten locker wegsteckt! Die Touristen in der Abflughalle haben

Besseres zu tun, und die Dame am Check-in der Fluggesellschaft hat (noch) kein Ohr für ihn.

Dritte Szene:

Ungeduldig tritt Herr Schulze von einem Bein auf das andere. Endlich ist er dran. Er knallt seinen Flugschein auf den Tresen und sagt: „Ich fliege mit dieser Maschine nach London, und ich möchte, wenn's geht ...“ Eigentlich wollte er sagen, daß er am Gang sitzen möchte. Doch die Hosteß auf der anderen Seite des Counters dreht sich in diesem Moment zum Computer und fängt an zu tippen.

Herr Schulze rastet sehr lautstark aus: „Gibt es in diesem Laden irgendwo eigentlich einen Menschen, den interessiert, was ich will? Hören Sie mir überhaupt zu? Ich bezahle Ihren Arbeitsplatz – also verflucht noch mal – ich verlange, daß Sie mir zuhören!“

Klappe!

Die negativen Emotionen haben bei Herrn Schulze inzwischen die Kontrolle über sein Verhalten übernommen. Sein rotes Konto muß dringend geleert bzw. reduziert werden! Die Szene mit der Hosteß ist typisch für ein oft zu beobachtendes Mißverständnis. Die Hosteß liefert aus ihrer Sicht perfekten Service. Sie sagt freundlich guten Tag und reagiert augenblicklich, indem sie umgehend die entsprechende Computermaske aufruft, um dem Gast sofort zu helfen. Perfekter Service! Oder? Für Herrn Schulze liefert sie in diesem Moment einen roten Chip. Denn was er im Moment braucht, ist nicht perfekter Service in Form einer raschen Abfertigung, sondern individuelle Aufmerksamkeit. Er wollte der Hosteß nämlich seinen Wunsch nach einem Sitzplatz am Gang mitteilen. Für Herrn Schulze ist die Hosteß eine unaufmerksame Person, die ihm nicht zuhört! Dieser an und für sich winzig kleine rote Chip bringt Herrn Schulzes Konto zum Überlaufen! Er feuert Rot aus allen Rohren.

Und da dieses Sperrfeuer mehr aus unbewußter Verzweiflung denn aus Berechnung kommt, wird Herr Schulze auch gleich über die Maßen unlogisch und unfair.

Frau Meier und der neue Job

Einzige Szene:

Im Grunde genommen ist sie sehr froh, nach längerer Krankheit diese neue Tätigkeit gefunden zu haben. Es ist noch gar nicht so lange her, da hatte Frau Meier mit dem Leben abgeschlossen. Eine bösartige Geschwulst in ihrem Unterleib konnte erst mit größerem Aufwand, durch Bestrahlung und Operation entfernt werden. „Die nächsten fünf Jahre werden entscheiden, ob sich Metastasen (Tochtergeschwüre) bilden oder nicht", hatte der Chirurg gesagt. Frau Meier freut sich zu leben und zittert zugleich vor den nächsten fünf Jahren, deren alljährliche medizinische Befunde wie Damoklesschwerte über ihrer Seele hängen.

Ihr neuer Job belastet sie ebenfalls mehr als sie dachte. Dabei hatte sie gehofft, von ihrem neuen Vorgesetzten, einem Herrn Schulze, konstruktiv unterstützt und eingewiesen zu werden. Es fiel ihr nämlich überhaupt nicht leicht, sich nach zwei Jahren der erzwungenen Untätigkeit wieder an den Beruf zu gewöhnen. Privat war kaum Unterstützung zu erwarten. Ihr Freund würde sie wohl in absehbarer Zeit verlassen. Herr Schulze war beim ersten Gespräch, Gott sein Dank, sehr sympathisch. In den letzten Tagen wurde er allerdings immer hektischer und machte ihr mehrfach ungeduldige Vorwürfe, weil ihm etwas nicht schnell genug ging. Als sie vorgestern einmal deshalb in Tränen ausbrach, warf er ihr vor, mimosenhaft zu reagieren.

Klappe!

Ich bin sicher, Sie erkennen nun schon selber, wie die Kontostände von Frau Meier gelagert sind. Den grünen Chips der Hoffnung auf Gesundung und auf Anerkennung durch den neuen Job stehen drohende rote des gesundheitlichen Rückfalles und der vielleicht scheiternden Beziehung gegenüber.

Menschen in dieser Situation reagieren oft scheinbar mimosenhaft und überempfindlich. Das resultiert aus der Tatsache, daß sie dringend grüne Chips in Form von Selbstbestätigung und positiver Zukunftsperspektive benötigen. Sie glaubte, in Herrn Schulze einen „Grün-Lieferanten" getroffen zu haben. Die Angst jedoch, durch Fehler erneut rote Chips zu bekommen, verstärkt ihr zögerliches Verhalten und führt im Endeffekt doch wieder zu mehr roten Chips, da fehlende Entschlossenheit und Angst zu negativen Bewertungen durch die berufliche und private Umwelt führen.

Fevzi und der Stau

Einzige Szene:

Der letzte Fahrgast war der schlimmste heute. Er war ungeduldig und unfreundlich. Aber Fevzi hatte sich daran gewöhnt. Es störte ihn relativ wenig. Diese Menschen waren immer hektisch und versuchten, überall noch ein paar Minuten einzusparen. Nur – was machen sie mit diesen paar Minuten? Fevzi schmunzelte, als er den Gast ausgeladen hatte, der ihm eben einen großen Geldschein in die Hand drückte, ohne auf das Wechselgeld zu warten. Immer wieder erlebte er dieses unsinnige Verhalten, Geld zu verlieren, um zwei Minuten zu gewinnen. Ihn störte dies nicht. Im Gegenteil! Dieses rasch verdiente Geld war ein weiteres Steinchen für sein neues Heim zu Hause in der Türkei. Bald war es fertig. Seine Frau freute sich genauso darauf wie er selbst. Die harten Jahre hier im Ausland hatten sich sicher rentiert. Das gemeinsame Ziel von Fevzi und seiner Frau war in greifbarer Nähe. Gut gelaunt wartete er auf seinen nächsten Fahrgast.

Klappe!

Die Einstufung der hier beschriebenen Menschen fällt Ihnen von Mal zu Mal leichter – richtig? Fevzi Gakulars grüner Kontostapel ist so hoch, daß ihn der eine oder andere rote Chip nicht sonderlich stört. Außerdem hängen über seinem Kopf keine roten Chips. Im Gegenteil! Seine persönlichen Pläne (sein Haus in der Türkei) sowie ein stabiles privates Umfeld liefern lang- und kurzfristig immer wieder genug Grün, um allen roten Chips die Stirn zu bieten.

Gaby und der Frühdienst

Einzige Szene:

Seit drei Jahren arbeitet Gaby bei dieser Fluggesellschaft. Sie könnte Bücher über ihre Erlebnisse mit Passagieren schreiben. So manche dieser Geschichten wäre jedoch so unglaublich, daß kaum einer sie glauben würde.

Sie sieht all dies etwas lockerer als so manche Kollegin. Ihr Freund arbeitet in einem Hotel – und da passieren noch ganz andere Dinge. Im Laufe der Jahre hat sie sich eine Art Standardkommunikation angeeignet, die ihr immer wieder hilft, eigene Stimmungen unter Kontrolle zu halten und auch mit nervenden Passagieren ganz gut zurechtzukommen.

Trotzdem hat sie noch keine Lösung für ein gravierendes Problem, das immer wieder auftaucht. Wieso reagieren Passagiere so unterschiedlich auf ihre – weitgehend gleichbleibende – Freundlichkeit? Wie eben die letzten beiden. Erst dieser Herr mit den zwei

Koffern. Locker, gelöst und munter plaudernd. Direkt danach dieser Herr Schulze, der – obwohl sie erkannt hatte, daß er etwas hektisch war und sie sich deshalb umgehend am Computer um die entsprechende Check-in-Maske gekümmert hat – sofort ausrastete. Sie war ratlos. Mehr als freundlich konnte sie doch nicht sein!

Klappe!

Die Airline-Hosteß Gaby hat genügend Routine im Umgang mit Emotionschips, um nicht gleich in Panik zu geraten, wenn einmal rote Chips gleich „sackweise" über den Flugscheinschalter geworfen werden. Gaby hat (noch) nichts von roten und grünen Chips gehört. Aber ihre Erfahrung und ihr überlegtes, analytisches Denken verhindern, daß sie sich in derart prekären Situationen durch eigene Emotionen steuern läßt.

Achtung:

Diese fünf Menschen hatten alle an ein und demselben Tag miteinander zu tun. Sie haben dabei verbal und unausgesprochen Emotionen in Form von symbolischen grünen und roten Chips ausgetauscht. Wie Sie sehen können, sind diejenigen in unserer Szene, die auf ein stabiles und reichhaltiges grünes Konto blicken können, wesentlich kommunikationsfähiger als Menschen, deren Konten mehr rot als grün zeigen.

Kaum eine der geschilderten Personen würde die Ursache für schlechte Kommunikation bei sich suchen. Sie alle wären (wie in der Realität auch) überzeugt, daß immer der (die) andere der (die) Schwierige ist. Solange sie nicht von Freunden gezielt auf Verhaltensfehler aufmerksam gemacht werden, ist in ihrer Kommunikation keine Änderung zu erwarten – es sei denn, das Verhältnis der beiden Chipstapel würde sich ändern.

Auf die persönliche Tagesform achten

Praxis-Tip

Menschen würden sich wesentlich leichter tun, wenn sie imstande wären, nicht nur bei anderen Menschen Kontostände zu erkennen, sondern (vor allem auch – und zuerst einmal) die eigenen Konten betrachten würden.

Fehler und Schwächen eingestehen

3

Seien Sie ehrlich zu sich selbst!

Die meisten Menschen suchen nach Gesprächen, die plötzlich unerwartet schwierig geworden oder vielleicht sogar gescheitert sind, Schuld und Ursache bei dem bzw. der jeweils anderen Person. Nur sehr wenige Menschen versuchen, die Gespräche und Situationen zu analysieren und dabei einigermaßen neutral Fehler zu erkennen. Würden sie es öfter tun, so würden sie zu ihrem Erschrecken bemerken, daß ihr eigenes Verhalten, also im Grunde sie selbst, oft die Ursache für den unguten Verlauf von Gesprächen und anderen Kommunikationssituationen in ihrem Leben darstellen.

Niemand von uns ist heute so umfassend mit grünen Chips ausgestattet, daß er immer gutgelaunt und immun gegen rote Chips durch die Gegend läuft. Der Alltag liefert permanent genügend Belastendes, damit unser rotes Konto reichlich aufgefüllt wird. Neben rasch erkennbaren Stressoren, zum Beispiel Zeitmangel, Lärm, Beziehungsstreß, Profilierungsstreß, Anforderungen im Straßenverkehr und vieles mehr, liefern weitere Faktoren rote Chips, an die wir kaum denken. Chemikalien bringen Allergien, schlechte Luft bringt Unwohlsein, Kreditschulden bringen Existenzängste. Karriereängste, scheinbar unwichtige Krankheiten, unpassende Wohnungsgegebenheiten und anderes sind oft Dauerbelastungen. Manche dieser Chipquellen könnten wir, mit etwas logischem Überlegen und mit mehr Realitätsbewußtsein, rasch zum Versiegen (oder zumindest zum Tröpfeln) bringen.

Viele dieser Chips kommen jedoch, in unseren Augen, „von oben" und sind damit kaum direkt zu bekämpfen. Wenn Sie einige Rezepte erfahren möchten, wie Sie mit diesen Streß-Chips und den dadurch entstehenden körperlichen Beschwerden etwas besser zurechtkommen können, so empfehle ich Ihnen das bemerkenswerte Buch „Bevor es mich zerreißt" von Klaus Linneweh.

Achtung:

Sie werden mir zustimmen, daß wir alle nicht „unbelastet" durch die Gegend laufen – egal welchen Geschlechtes, egal welchen Alters und egal welcher Einkommensklasse. Relativ hochrot belastet müssen wir unseren Kommunikationsalltag bestehen! Wir treffen dabei natürlich dauernd auf Menschen, die in der gleichen Situation sind. Es hat aber wenig Sinn, sich kritischen Kommunikationssituationen auszusetzen oder zu versuchen, mit rot belasteten Menschen zu kommunizieren, wenn man selbst sehr viele rote Chips auf dem eigenen Konto hat. Schon im Rahmen von scheinbar ganz normal verlaufenden Kommunikationssituationen ist es oft unvermeidbar, daß rote Chips auf uns zufliegen. Wir würden dann, ob wir wollten oder nicht, diese roten Chips umgehend zum Absender zurückwerfen und wären somit keinerlei Konfliktsituation gewachsen. Wir sind also des öfteren „nicht kommunikationsfähig"!

„Sich zusammenreißen" hilft nur wenig

Es würde in kritischen Kommunikationssituationen nicht lange dauern, da wäre es mit der Selbstbeherrschung vorbei, und wir würden unbewußt und vollautomatisch reagieren.

Selbst Menschen, die in derartigen Kommunikationsaspekten ausgebildet sind, haben da wenig mehr Chancen, gut zu reagieren. Ihr Vorteil ist es jedoch, daß sie diese kritischen Momente früher bemerken und mit geändertem Verhalten entsprechend früher etwas gegensteuern können. Oft gelingt jedoch auch dies nicht.

Beispiele:

- Als Gesprächsgast in einer TV-Talkshow traf ich auf einen anderen Teilnehmer, seines Zeichens „Präsident der Gesellschaft für Konfliktmanagement". Im Verlauf dieser Talk-show erläuterte er seine Theorien und bestand darauf, daß nur mit ihnen jeglicher Konflikt schon im Ansatz erkennbar und beherrschbar wäre. Diese Aussage reizte mich natür-lich. Ich schleuderte ihm ein provokatives „So ein Blöd-sinn!" (also einen roten Chip) entgegen. Dies hatte zum Ergebnis, daß der Herr Präsident augenblicklich einen un-kontrollierten Wutanfall bekam und versuchte, den Chip zurückzuwerfen.

■ Zudem besitze ich eine kleine Sammlung von Videos, die Menschen mit extremen Reaktionen auf empfangene rote Chips zeigen. Eines dieser Videos zeigt eine Situation, die in Hamburg, ebenfalls in einer TV-Talkshow, eskalierte. Mehr als eine halbe Stunde „schossen" mehrere Teilneh-mer dieser öffentlichen Veranstaltung rote Chips auf eine Schriftstellerin, die energisch ihre Standpunkte vertrat. Der Talkmaster war natürlich an dieser Verschärfung des Tones interessiert und ignorierte deshalb typische Signale der Körpersprache. Sie hätten ihm schon frühzeitig gezeigt, daß es bald „knallen würde". Denn die Schriftstellerin ver-krampfte ihre Hände um die Stuhllehnen, zog das Kinn schützend an die Brust und atmete immer hektischer. Während sie zu Anfang noch argumentierte, schloß sich später ihr Mund zu einem verkniffenen Lächeln. Als – nach einer kurzen, ruhigeren Phase – die Angriffe wieder zunah-men, war es eine relativ unbedeutende Bemerkung, wel-che die Dame ausrasten ließ. Sie sprang auf, schleuderte ihr Rotweinglas beiseite und versuchte, ihr Mikrophon los-zuwerden. Dies gelang ihr erst, als sie sich ihr Kleid über den Kopf riß. Anschließend kippte sie einen Tisch um und stampfte keuchend zum Ausgang.

Diese Dame muß schon hoch rot-belastet in diese Talk-show hineingegangen sein. Außerdem mußte sie geahnt haben, was da auf sie zukam. Somit schwebten schon sehr frühzeitig zusätzliche rote Chips unsichtbar über ihrem Kopf. Als diese auf ihrem Konto landeten und die Versuche, sie zurückzuwerfen, mißlangen, kam sie sehr rasch in eine Situation, in der ihr nur mehr eines übrig blieb: die letzen paar roten beiseiteschleudern und dann möglichst rasch das Weite suchen. Daß sie sich mit diesen Aktionen nur noch mehr rote Chips auf das eigene Konto packte, hatte sie in diesem Moment nicht bemerkt. Dies wird ihr erst später, nach dem emotionalen Aufwachen, aufgefallen sein.

Praxis-Tip

Hätte sich diese Schriftstellerin frühzeitig über ihre Kontostände und ihr emotionales Stehvermögen Gedanken gemacht, so hätte sie ihre Teilnahme an der Talkshow wahrscheinlich abgesagt. Falls dies nicht möglich gewesen wäre, so hätte sie zumindest massiv gegensteuern und sich mit innerem Abstand gegen alle Angriffe schützen können.

Nehmen Sie Ihr Leben unter die Lupe

Wie aber analysieren wir unsere eigenen Kontostände? Allein die Erkenntnis, daß wir relativ viele rote Chips auf unserem Konto haben, wäre an sich schon wieder ein grüner Chip, denn es würde uns helfen, in diesem erkannten Zustand etwas vorsichtiger zu kommunizieren. Da es aber den meisten Menschen beruflich wie privat nicht möglich ist, ihre Kommunikation nur deshalb auf ein Minimum zu reduzieren, weil sie zu viele rote Chips haben, sollten wir uns mit dieser Thematik doch etwas ausführlicher befassen.

Wichtig:

Sie sollten sich unbedingt die Zeit nehmen und einmal Ihr ganz persönliches Leben unter die Lupe nehmen! Beobachten Sie einige Tage sich und Ihr Verhalten.

- Gibt es Dinge, die Sie immer und immer wieder aufregen?

- Gibt es Situationen, die Sie ärgern, obwohl diese – genau betrachtet – eigentlich den Ärger nicht wert sind?

Untersuchen Sie diese Momente hinsichtlich ihrer Wichtigkeit und ihrer Ursachen. Sie werden rasch zwischen zwei unterschiedlichen Anlässen unterscheiden können: Ähnliche Situationen, die schon seit langem immer wieder negativ auf Sie einwirken und Situationen, die sich jeden Tag anders darstellen.

Wenn Sie sich spontan über Situationen aufregen, obwohl es diesen Ärger kaum wert ist, so zeigt sich damit Ihre Tagesverfassung, zum Beispiel wenn Sie sich über eine rote Ampel ärgern, obwohl Sie jede Menge Zeit haben, oder wenn Sie sich über einen Kollegen ärgern, weil er wieder mal die Tür zum Lager offengelassen hat, obwohl dies eigentlich völlig egal ist.

Achtung:

Hält dieser Zustand des „Sich-Ärgerns und der inneren Unzufriedenheit" aber seit Monaten an, obwohl Sie zwischenzeitlich auch immer wieder Momente voller grüner Chips haben, dann wird es sehr wichtig und dringend, daß Sie sich weitergehende Gedanken machen. Dann nämlich muß es irgend etwas in Ihrem Leben geben, das Ihr rotes Konto permanent neu auffüllt! Irgend etwas in Ihrem Leben liefert Ihnen ungefragt mehr rote Chips, als Sie grüne dazubekommen.

Diesen Zustand müssen Sie umgehend analysieren. Sie müssen herausfinden, was Ihnen rote Chips liefert! Sie müssen mit aller

Kraft versuchen, die Ursachen dieses roten Stroms nicht nur herauszufinden, sondern diese auch abzustellen!

Viele Menschen leben in einer Lethargie, was die Flut der roten Chips betrifft. Sie haben sich in ihr scheinbares Schicksal ergeben und suchen immer neue Ausreden, nur um ja nicht dieses Thema konkret anpacken zu müssen.

Beispiele:

- So mancher Mensch findet den Absprung aus einer belastenden Partnerschaft nur deshalb nicht, weil er nicht bereit ist, sich konkret mit dieser Thematik auseinanderzusetzen, und weil er Angst vor imaginären roten Chips eines Alleinseins hat.

- Viele Menschen „leben ihr Leben einfach dahin": Morgens aufstehen, mißmutig ein Brötchen runterwürgen, im Stau zur Arbeit fahren, acht Stunden wenig motiviert irgendwelchen Akten die Stempel aufdrücken, nach Hause fahren, kurz den Partner begrüßen und fragen, was es zu essen gibt, dann vor die Mattscheibe und um zehn Uhr ins Bett. Freitag gibt es Großreinemachen inklusive Baden und neuer Unterwäsche, Samstag abend gibt's Sex, und Sonntag nachmittag geht man zu den Schwiegereltern Kaffee trinken.

Sie glauben, das wäre übertrieben, nur weil Sie vielleicht nicht dazugehören? Da irren Sie sich. Stöbern Sie in aktuellen Umfragen und Untersuchungen, und Sie werden dies bestätigt finden.

Praxis-Tip

Leben Sie bitte bewußter! Nehmen Sie Ihre Umgebung aufmerksam wahr und leben Sie Ihr Leben nicht einfach dahin! Es ist zu kurz dazu!

Es ist auch zu kurz, um es mit viel zu hohen roten Kontoständen zu verbringen!

Suchen Sie deshalb bitte unbedingt nach möglichen, permanent arbeitenden roten Quellen in Ihrem Leben und verschließen Sie umgehend diese Quelle oder beseitigen die Ursachen! Wenn dies nicht rasch gelingt – ändern Sie Ihre Position zur Quelle!

Beispiel:

Sie haben seit Jahren Ärger mit Ihrem Partner bzw. Ihrer Partnerin? Entweder Sie können rasch die Ursachen ändern – oder Sie müssen Ihre Position zu den Ursachen ändern, also im schlimmsten Falle den Partner bzw. die Partnerin wechseln. Ähnlich ist es mit Unzufriedenheit im Job, mit den eigenen vier Wänden, mit bestimmten „Freunden", mit belastenden Gewohnheiten und so weiter.

Tun Sie nur, was Ihnen guttut!

Stellen Sie schriftlich eine Liste auf mit den Dingen, die Sie schon immer machen oder ändern wollten. Dann suchen Sie gezielt nach Gründen, warum Sie dies nicht längst schon getan haben. Nun überprüfen Sie diese Gründe. Wie viele davon sind schlicht Ausreden? Sie werden überrascht sein, daß diese überwiegen! Solange Sie aber nicht bereit sind, „rote" Dinge zu ändern, und sich diesen Ausreden ergeben, solange werden Sie aus diesem Teufelskreis nicht ausbrechen!

Praxis-Tip

Ändern Sie, was Ihnen nicht guttut! Tun Sie nur, was Ihnen guttut! Sie denken, das wäre purer Egoismus? Ist es nicht. Denn nur wenn es Ihnen gutgeht, können Sie auch mit anderen Menschen gut umgehen!

Es gibt zweierlei Menschen auf dieser Welt. Die einen haben für alles, was ihnen passiert, einen Grund zur Hand. Auch sind sie immer bemüht, möglichst rasch Ausreden bzw. Gründe zu finden.

Die anderen sind einen Schritt weiter. Sie versuchen immer, möglichst rasch Gründe zu erkennen, um sich dann sofort dem zweiten Schritt widmen zu können: der Suche nach rasch wirkenden Lösungen. Diese Menschen werden immer „die beneideten Gewinner" sein!

Sie sollten unbedingt versuchen, zur zweiten Sorte Mensch zu gehören! Es gibt einige gute Bücher zu diesem Thema, wie beispielsweise die populären Bücher von Dale Carnegie. Weitere Titel finden Sie in den Literaturhinweisen auf Seite 140.

Praxis-Tip

- Nur wenn Sie selbst einigermaßen ausgeglichene Kontostände besitzen, können Sie mit Menschen, die ihrerseits sehr viele rote Chips auf ihrem Konto haben, vernünftig und konstruktiv umgehen!

- Gelingt es Ihnen nicht, Ihre roten Konten klein zu halten, so sind Sie und Ihr Verhalten eine der Hauptursachen für nicht funktionierende Kommunikationen!

Die eigene Kommunikationspraxis verbessern

4

Die Stimmung Ihres Gesprächspartners richtig einschätzen

Wir können noch so gut kommunizieren; wenn wir es nicht schaffen, uns in den ersten Sekunden eines Gespräches auf die individuellen Kontostände unseres Gegenübers einzustellen, so wird es unter Umständen, zum Beispiel bei hochrot-belasteten Personen, sehr mühsam, dies mit Rettungsversuchen doch noch zu schaffen.

Bevor wir uns ansehen, welche Chancen und Möglichkeiten existieren, um individuelle Konten zu erkennen, muß uns klar sein, daß es Situationen gibt, die von vornherein von roten Chips bestimmt sind. Auch gibt es Menschen, die von ihrem Beruf her „lebende rote Chips" sind.

Wenn wir als Vorgesetzte (als Eltern) uns mit einem Mitarbeiter (unserem Kind) über dessen Fehler unterhalten müssen, so ist die gesamte Situation von der ersten Sekunde an „rot eingefärbt". Über uns schweben die roten Chips der Scheu, vielleicht mit unserem Mitarbeitergespräch „gegen eine Wand zu laufen" oder als Verwandter oder Freund einem lieben Menschen wehtun zu müssen. Auch haben wir unbewußt Angst, Zuneigung und Anerkennung zu verlieren. Ähnliches gilt für Momente, in denen wir vor anderen Fehler zugeben müssen. Auch über solchen Gesprächen schweben große rote Chips – allerdings nur für uns selbst.

Manche von uns haben auch einen Beruf, der uns zu lebenden roten Chips werden läßt, wie Verkäufer, Steuerfahnder oder Polizist.

Verkäufer ist einer der am häufigsten ausgeübten Berufe. Und Verkäufer sind lebende rote Chips! Zumindest solange, wie sie nicht vom potentiellen Kunden dringend um ein Gespräch gebeten werden, weil dieser eine bestimmte Ware oder Dienstleistung benötigt. Muß der Verkäufer jedoch erst ein bestimmtes Bedürfnis wecken und danach etwas zu dessen Erfüllung anbieten, ist er, als Mensch, ein roter Chip. Der Kunde hat mit hoher Wahrscheinlichkeit zu Anfang das unbewußte Empfinden: Hier kommt jemand, der stiehlt meine Zeit, möchte an mein Geld und zwingt mich in die unangenehme Situation, „nein" sagen zu müssen. Wir alle sagen ungern „nein", auch wenn so mancher von uns dies immer selbstbewußt als Tugend herausstellt.

Sicher kennen Sie die Situation, in einem Kaufhaus ein wenig herumstöbern zu wollen und dabei schon nach wenigen Sekunden mit einem „Kann ich Ihnen helfen?" angesprochen zu werden. Niemand von uns hat da nicht für Sekunden ein rötliches Empfinden: „Nein danke, ich sehe mich nur etwas um!" Stehen wir allerdings in einem Schuhgeschäft und wissen genau, daß wir einen bestimmten Schuh anprobieren wollen, so ist die Verkäuferin höchst willkommen.

Die Kunst der Top-Verkäufer liegt darin, dieses rote Basis-Image gar nicht erst aufblitzen zu lassen, sondern es zumindest so lange „mit grünem Papier zu umwickeln", bis der Kunde zu der Erkenntnis kommt, daß ihm da tatsächlich etwas „Grünes" angeboten wird. Diese Menschen benützen einige wenige, aber sehr wirksame Kommunikationswerkzeuge. Diese werden wir uns nun ansehen. Dabei macht es kaum einen Unterschied, ob Sie beruflich Verkäufer sind oder ob Sie sich mit diesem Buch befassen, weil Sie für Ihr Privatleben etwas lernen möchten.

Sich auf das Gespräch mental vorbereiten – mit Checkliste

Wichtig ist, die Kommunikationsbedingungen möglichst schon vorab zu überprüfen. Das heißt nicht, daß Sie vor jedem Gespräch wie ein Pilot alle Aspekte einer auf Sie zukommenden Kommunikationssituation checken sollen. Es kann jedoch sehr hilfreich sein – und ist manchmal absolut notwendig –, sich vor einer Gesprächsaufnahme Gedanken über die kommende Situation zu machen. Je kritischer oder wichtiger möglicherweise ein Gespräch werden könnte, desto präziser und überlegter sollten Sie sich darauf vorbereiten.

Checkliste

- Wie ist das letzte Gespräch mit derselben Person verlaufen? Bei unterschiedlichem Verlauf: Welcher Teil des Gesprächs verlief positiv und welcher war nicht so optimal?

- Wenn es nicht allzu gut verlaufen ist – was war wahrscheinlich die Ursache? Hier keine Ausreden suchen, sondern realistisch bleiben! Sind die aktuellen Umstände denen des letzten Gespräches ähnlich?

- Welche Erwartungen hat mein Gesprächspartner an unsere Kommunikation? Werde ich ihm (aus seiner Sicht) unter Umständen lästig sein? Ist dieses Gespräch für meinen Kommunikationspartner vielleicht nur unvermeidbare Pflichterfüllung?

- Welches Image habe ich bei meinem Gesprächspartner? Respektiert er meine Fachkompetenz? Habe ich das Gefühl, daß er mich mag?

- Welches Image hat mein Unternehmen bei meinem Gesprächspartner? Sind in den letzten Wochen Dinge passiert, welche dieses Image in seinen Augen verändert haben könnten?

- Welches Image hat das von mir vertretene und zu präsentierende Produkt, Konzept usw. bei meinem Gesprächspartner? Wie sind in den letzten Wochen vergleichbare Produkte von Mitanbietern präsentiert worden?

- Wir sehen die persönlichen Konten meines kommenden Gesprächspartners – nach meiner Einschätzung – aus? Ist seine Position (meiner Einschätzung nach) gefestigt? Was weiß ich über den Zustand seines Unternehmens, seines Lebens- oder seines Arbeitsbereiches?

- Wenn ich in einigen der vorgenannten Punkte zu nicht so erfreulichen Ergebnissen komme: Wie muß ich – bei zu erwartenden hohen roten Konten – kommunizieren, um ein gutes Gespräch führen zu können?

- Was möchte ich bei diesem Gespräch erreichen? Möchte ich meine Meinung (mein Produkt) „verkaufen" oder liegt mir im Moment mehr daran, möglichst viel über meinen Gesprächspartner und seine Bedürfnisse zu erfahren?

- Wie sieht mein eigener Kontostand aus? Bin ich möglichen roten Chips wirklich gewachsen?

- Falls meine Selbstüberprüfung nicht gut ausfällt: Was kann ich bei eigenem, erkennbar kritischem Kontostand kurzfristig machen, um mich so zu wappnen, daß ich das Gespräch gut und konstruktiv führen kann?

Nach einiger Übung wird für Sie diese Checkliste zur wertvollen Routine werden und wird Sie nur Sekunden kosten. Diese Überprüfungen sollten Sie sich zur Gewohnheit machen!

Eine angenehme Gesprächsatmosphäre schaffen

Da wir in diesem Buch vom Umgang mit schwierigen Menschen (also hoch rot-belasteten) sprechen, gehen wir nun auch davon aus, daß wir versuchen müssen, uns auf eine derart belastete Person einzustellen.

Die wichtige Überlegung lautet hier: Wie können Sie sich nun möglichst optimal verhalten, um nicht schon in den ersten Sekunden das Gespräch in eine schiefe Bahn laufen zu lassen? Auf diese Frage – in meinen Seminaren gestellt – erhalte ich rasch folgende, richtige Antworten:

- „Ich blicke meinen Gesprächspartner an."

- „Ich begrüße freundlich."

- „Ich lächle."

- „Ich frage meinen Kommunikationspartner, wie es ihm geht."

Die etwas nachdenklicheren unter meinen Trainees, oder diejenigen, die sich schon mit Kommunikation beschäftigt haben, erinnern sich und sagen:

- „Ich stelle mich innerlich positiv auf das Gespräch ein."

- „Ich bereite mich fachlich entsprechend vor."

- „Ich achte darauf, daß ich passend gekleidet bin."

- „Ich bringe ein Gastgeschenk mit."

- „Ich verhalte mich adressatengerecht."

Alle Antworten sind richtig! Und doch würden fast alle diese Vorsätze und Maßnahmen zu spät kommen, wenn es um ein Gespräch mit einer hoch rot-belasteten Person geht.

Wichtig:

Wenn Sie sich auf ein möglicherweise heikles Gespräch gut vorbereiten möchten, so müssen Sie früh ansetzen! Greifen Sie hier einfach auf ein Verhalten zurück, das Sie unbewußt, aber richtig mit großer Sicherheit pflegen; siehe hierzu folgendes Beispiel.

Beispiel:

Wenn Sie als Mann eine nette Dame kennengelernt haben und diese neue Bekanntschaft zum Essen einladen, so werden Sie mit ihr kaum in ein Fast-Food-Lokal oder an eine Würstchenbude gehen. Wenn Ihnen an diesem neuen Kontakt etwas liegt, so werden Sie mit ihr in ein nettes Lokal mit angenehmer, die Kommunikation und das Kennenlernen fördender Atmosphäre gehen. Auch werden Sie nicht Ihre ältesten und abgetragensten Kleider anziehen, sondern versuchen, diesbezüglich ebenfalls einen guten Eindruck zu machen. Es ist sehr wahrscheinlich, daß die Dame ebenfalls dafür sorgen wird, daß sie optisch einen guten Eindruck macht.

Falls Ihnen an guten alten Konventionen etwas liegt, so werden Sie als Mann auch mit einem Strauß Blumen antreten. Wenn Sie die Dame zu sich nach Hause einladen, so werden Sie mit ziemlicher Sicherheit aufräumen, den Tisch nett decken, etwas zu trinken kalt stellen und schöne Musik abspielen.

Warum betreiben wir diesen Aufwand?

Warum geben Hotels, Fluggesellschaften und andere Dienstleistungsunternehmen so viel Geld aus, um Empfangsräume, Besprechungszimmer und Uniformen immer wieder neu zu gestalten? Weil wir alle damit schon von der ersten Sekunde an für ein angenehmes (grünes!) Ambiente sorgen möchten! Und genau darauf kommt es tatsächlich zuallererst an.

> ## Praxis-Tip
>
> Schaffen Sie ein Ambiente, das eine „grüne Atmosphäre hat"! Denn an den wichtigen Aspekt, kritische Gespräche in „grüner" Umgebung zu führen, denken die wenigsten Menschen bewußt.

Das amerikanische Camp David ist beispielsweise das grüne Ambiente für zahlreiche „Hard-Core-Verhandlungen" zwischen amerikanischen Präsidenten und ausländischen Verhandlungspartnern.

Meist aber vergißt man diesen wichtigen Aspekt. Da werden heikle Verkaufs- oder Reklamationsgespräche in einem Besprechungsraum geführt, der den Charme eines Bahnhofs hat. Gespräche zwischen Vorgesetzten und Mitarbeitern werden über riesige Schreibtische hinweg, vom bequemen Lederchefsessel zum Besucherstuhl hin geführt. Beschwerden von Kunden werden über den Tresen (manchmal sogar durch eine Glasscheibe hindurch) abgehandelt.

Ich kenne eine ganze Reihe von Firmen, die ihren Mitarbeitern verbieten, während der Arbeitszeit private Gespräche im Gang oder im Garten zu führen. Bei ihren Führungskräften sind Unternehmen dagegen weniger zimperlich! Daß oberen Führungskräften die Mitgliedschaft im Golf- oder Yachtklub finanziert wird, ist nicht selten. Firmen unterhalten Jagdreviere und Segelyachten, um darauf wichtige Gespräche arrangieren zu können. „Oben" scheint dies kein Problem zu sein. Doch diese Regel gilt für alle wichtigen Gespräche! Das hat sich bisher jedoch nur selten bis in die obersten Unternehmensetagen herumgesprochen.

In diesem Punkt sind uns einige amerikanische Unternehmen weit voraus. Sie stellen für wichtige Gespräche sogar kleine Parkanlagen oder Palmenhäuser bereit. Meine Forderung, zur Verkürzung der Kommunikationswege und zur Vermeidung von emotionalen Unstimmigkeiten für Mitarbeiter Plauderecken und Treffen auf den Gängen zu arrangieren, wird in Europa fast immer (zuerst) mit Unverständnis begegnet.

Praxis-Tip

- Machen Sie es sich bitte zur eisernen Regel: Legen Sie immer dann, wenn Sie abschätzen können, daß ein Gespräch besonders heikel, wichtig oder kritisch werden könnte, besonders großes Augenmerk auf die Umgebung, in der das Gespräch stattfindet.

- Investieren Sie privat wie beruflich Ideen, Energie und Geld in die Gestaltung dieses grünen Ambientes!

Es ist durchaus sinnvoll, Verkäufern große Bewirtungsbudgets zu genehmigen, damit sie Verkaufsgespräche im Rahmen eines Frühstücks oder eines Mittagessens führen können.

Als Vorgesetzter werden Sie bei Ihren Mitarbeitern wesentlich offenere Ohren und ehrlichere Ansichten antreffen, wenn Sie Tadel und konstruktive Kritik in legerer Umgebung, zum Beispiel bei einem kühlen Getränk im Lokal gegenüber der Firma, üben.

Wenn heikle Kundengespräche geführt werden

Nun aber kann ich schon diejenigen unter Ihnen den Kopf schütteln sehen, die sich sagen: „Alles schön und gut. Aber was mache ich, wenn ich ein heikles Gespräch unausweichlich im Büro des Kunden führen muß?"

Auch hier gibt es einen kleinen Trick, zu dem man sich allerdings etwas überwinden und den man üben muß.

Praxis-Tip

Begrüßen Sie Ihren Kommunikationspartner extrem laut, erkennbar freundlich und schon auf drei oder vier Meter Entfernung! Strecken Sie ihm schon auf drei Meter Entfernung die Hand entgegen und gehen Sie die letzten zwei Meter mit ausgestreckter Hand auf ihn zu. Sie werden von der Wirkung überrascht sein. Kaum jemand ist bei einer derartigen Begrüßung imstande, seine angenehme Verblüffung zu unterdrücken. Kaum jemand, der nicht mit einem Lächeln und mit sehr wachen Augen reagiert.

Sie denken jetzt sicherlich: „Wenn ich mich so verhalte, dann hält mich mein Gesprächspartner für bescheuert!" Eben dies tut er nicht! Es gibt zahlreiche Untersuchungen über das Empfinden von Menschen, die derart begrüßt wurden. Bei keinem (!) kam der Gedanke auf, er hätte es mit einem seltsamen Spinner zu tun.

Wichtig:

Sie müssen unbedingt vermeiden, daß Ihre ganz persönliche Angst vor möglichen negativen Gedanken Ihres Gegenübers, also vor dessen roten Chips, zum Vorwand wird, derartige Kommunikationswerkzeuge gar nicht erst zu testen, geschweige denn, es nach einem ersten mageren Erfolg damit nicht noch einmal zu versuchen. Nur Hartnäckigkeit beim Üben und Ausprobieren führt hier zum Ziel! Sie sehen – es liegt an Ihnen, ob meine Werkzeuge Ihnen helfen können oder nicht.

Auf das genaue Hinsehen kommt es an

Einer der häufigsten Fehler, welche die meisten Menschen beim Kommunizieren mit anderen machen, ist, zwar hinzusehen, jedoch nicht zu beobachten. Ähnlich wie beim Hinhören neigen wir dazu, nur dann genauer hinzusehen, wenn es eigentlich schon zu spät ist. Dabei ist es so einfach! Alles, was wir uns angewöhnen müssen, ist, Situationen aufmerksam und mit spielerischer Neugier anzusehen, anstatt das Geschehen um uns herum einfach „geschehen zu lassen".

Wir gehen beispielsweise auf einen Menschen zu, um mit ihm einen – wie auch immer gearteten – Kontakt aufzunehmen. In diesem Moment bietet sich uns eine Vielzahl erster Informationen über den Kontostand unseres Gegenübers. Daß dies Momentaufnahmen sind, hat nichts damit zu tun, daß sich hier das genaue Hinsehen lohnt.

Prüfkriterien

- Macht dieser Mensch einen hektischen, fahrigen und unsteten oder einen unkonzentrierten Eindruck?

- Blickt Ihnen dieser Mensch weniger als etwa vier bis fünf Sekunden in die Augen? Hat er einen flackernden Blick, der es nicht schafft, einen Punkt längere Zeit zu fixieren?

- Kommt Ihnen dieser Mensch mit einem Begrüßungsritual in irgend einer Weise entgegen oder reagiert er nur zerstreut auf Ihr Ritual?

- Sehen Sie sich die Arbeitsumgebung Ihres Gesprächspartners an. Sieht das alles sehr unaufgeräumt und so richtig nach Arbeit aus?

- Weist irgend eine Bemerkung eines anderen Menschen auf eine, momentan negative, Belastung Ihres Gesprächspartners hin? Zum Beispiel eine Bemerkung der Sekretärin: „Herr XYZ kommt sofort. Er sitzt schon seit Stunden in einer Besprechung, die kein Ende nimmt."

- Wie reagiert Ihr Gesprächspartner auf das Zuspätkommen von weiteren Gesprächsteilnehmern? Lässig und souverän oder eher nervös und sich mehrmals entschuldigend?

- Läßt sich Ihr Gegenüber sehr leicht von anderen Dingen ablenken, während er die ersten Minuten mit Ihnen spricht, zum Beispiel von störenden Kollegen oder von Geräuschen? Wie agiert Ihr Gegenüber am Telefon, wenn dieses in den ersten Sekunden Ihrer Kontaktaufnahme klingelt?

- Ist dieser Mensch noch eifrig mit etwas anderem beschäftigt, obwohl er weiß, daß Sie darauf warten, mit ihm zu sprechen? Haben Sie dabei eher den Eindruck, daß dies demonstratives Handeln ist, oder sagt Ihnen Ihre Beobachtung, daß Ihr Gegenüber tatsächlich überlastet ist?

- Passiert rund um diesen Menschen im Moment der Kontaktaufnahme etwas, das scheinbar wichtiger ist als Ihr Gespräch?

Wenn einer oder mehrere der genannten Punkte zutreffen, so können Sie ziemlich sicher sein, daß der momentane Kontostand Ihres Gegenübers nicht so optimal ist, wie Sie es sich wünschen. Im Zweifelsfall sollten Sie die Situation immer etwas negativer einschätzen. Flüchtig und deshalb harmlos zu beurteilen ist mit hohem Risiko verbunden. Zu vorsichtig und zu vorausschauend können Sie gar nicht agieren! Im Zweifelsfall zeigt Ihnen Ihr Ge-

sprächspartner unbewußt schon früh genug, daß Sie ihn zu negativ eingestuft haben. Wenn Sie einen Gesprächspartner dagegen zu positiv einzustufen und sich dann, bei Erkennen einer
Fehleinschätzung, noch anpassen wollen, so ist dies wesentlich
schwieriger, wenn nicht vergeblich.

Praxis-Tip

- Trainieren Sie bitte Ihren Blick für Situationen! Lernen
  Sie, für eine kommende Kommunikation Belastendes
  sehr früh zu erkennen.

- Sie werden rasch Routine gewinnen und sich rechtzeitig
  auf Ihren Gesprächspartner einstellen können.

Hören Sie aufmerksam zu!

Ähnlich wie beim Hinsehen liegen zahlreiche Fehler darin, daß
viele Menschen nicht richtig zuhören. Schon von der ersten Sekunde einer verbalen Kommunikation an haben wir die Möglichkeit, Rückschlüsse auf die Kontostände unseres Gegenübers vor-
zunehmen. Der Vorgang ist so einfach, daß Sie ihn umgehend testen können.

Wir benützen für dieses Vorgehen etwas, was Sie tagtäglich ein
Dutzend Mal und mehr praktizieren, es aber nie richtig verwerten: Das Grüßen, beziehungsweise „die Kontaktaufnahme": Viele Male grüßen wir, ohne groß hinzuhören und ohne uns dieser
wunderbaren Chance bewußt zu sein, Kontostände erkennen zu
können. „Hallo Fritz", „Tag Herr Meier", „Na, Egon, wie isses?",
„Morgen Jungs!", so oder ähnlich agieren wir vielfach pro Tag.

Kaum jemand hört bei derartigen Ritualen aufmerksam zu. Machen Sie sich einmal den Spaß und antworten Sie auf derartige Fragen nicht mit dem gewohnten „Danke, gut! Und Ihnen?", sondern, zum Beispiel, mit einem „Danke! Mit den branchenüblichen Vorbehalten gut!" Die Reaktionen Ihrer Gegenüber zu beobachten macht Freude. Nur wenige reagieren überhaupt, die meisten hören gar nicht hin! Andere wiederum reagieren erst mit sekundenlanger Verzögerung.

Beispiel:

Vor einiger Zeit war ich bei einem Empfang eingeladen, den ich zusammen mit einer Mitarbeiterin besuchen wollte. Arbeitsbedingt kamen wir etwas zu spät. Der Gastgeber begrüßte mich an der Tür mit den Worten: „Hallo Herr Maro! Schön, daß Sie da sind!" Ich antwortete entschuldigend: „Tut mir leid, daß wir jetzt erst kommen, ich mußte ..." Der Gastgeber unterbrach mich: „Kein Problem!" Darauf sagte ich im Weitergehen: „Ich mußte erst noch meine Frau erschießen!" Mein Gastgeber ungerührt: „Das ist schon in Ordnung! Kommen Sie herein und fühlen Sie sich wohl! Meine Mitarbeiterin kennt meine Spielchen und versuchte krampfhaft, nicht lauthals loszulachen.

Praxis-Tip

Sie sollten sich umgehend angewöhnen, nicht nur „so einfach dahinzugrüßen". Sprechen Sie Ihr Gegenüber nicht mit „guten Tag" oder mit „Hallo" an, sondern mit einer offenen Frage: „Guten Morgen, Herr XYZ, wie geht es Ihnen?" Diese offene Frage kann sehr unterschiedlich aussehen: „Hallo Peter – wie geht's?", oder etwa „Tag Fritz, wie war der Urlaub?", oder „Na, Ingrid, wie isses?"

Hundertfach in aller Welt werden derartige Fragen als Ritual anderen Personen entgegengeworfen. Genauso automatisch werden sie in Form eines Rituals beantwortet. Uns sollten diese Antworten interessieren.

Jetzt werden Sie entgegenhalten, daß daraus keine sinnvollen Informationen gewonnen werden können, weil das ja alles als nebensächliches Ritual keinerlei Aussagekraft besitzt. Gerade weil derartige Begrüßungsformeln fast unbewußt und automatisch beantwortet werden, entströmen den Antworten aufschluß- reiche Informationen.

Auf unsere Begrüßungsfrage an einen Kollegen „Hallo Peter! Na, wie geht's?" wird dieser kaum antworten: „Na, laß mich mal nachdenken. Bis sieben Uhr dreißig ging es ganz gut. Dann habe ich Kaffee verschüttet ..."

Peters Antworten werden sicherlich automatisch kommen und dabei eine Menge Emotionen transportieren, zum Beispiel:

- „Oh, danke der Nachfrage, bestens!"
- „Danke, sehr gut."
- „Danke – und Dir?"
- „Ach ja , danke der Nachfrage."
- „Ach ja, es geht so!"
- „Ja, doch ..."
- „Geht so!"
- „So la la."
- Wenn die Arbeit nicht wäre, gut!"
- „ ...... " (Seufzen)
- ... Stille ...
- „Wenn die Arbeit nicht wäre – gut!"
- „Ach, frage mich besser nicht!"

Diese Antworten lassen eine ganze Palette von Emotionen, von sehr gut bis katastrophal, erklingen. Schon sehr früh gewinnen wir bei den hier beispielhaft aufgezählten Antworten den Eindruck, wie sie unterschiedliche Informationen über die Chipkonten des Absenders geben.

Peters Antworten werden wir aber nur in ihrem Informationswert unterscheiden können, wenn wir bei diesem Ritual gut zuhören! Aus den erhaltenen Informationen ziehen wir aber nicht nur Rückschlüsse auf Peters momentane Kontostände.

Oft liefern uns die Antworten auch wertvolle Stichworte, um damit in die nächste Phase der Kommunikation einzusteigen. Schon die Antwort „Ach ja, es geht so!" gibt uns einem Hinweis, daß es mit dem Rot-Grün-Verhältnis nicht zum allerbesten stehen kann.

Wie wir diese Hinweise sofort verwerten können, sehen wir uns im folgenden an.

Zeigen Sie aufrichtiges Interesse

Sobald die Antwort auf eine Begrüßung auch nur den kleinsten Ansatz zu einer nicht so guten Kontoeinschätzung unseres Gegenübers bietet, muß unverzüglich der nächste Schritt (hier „Solidarisierung" genannt) folgen, soll die Kommunikation einen guten Verlauf nehmen.

Bevor wir uns diesem Schritt zuwenden, lassen Sie uns doch einmal die mentale Situation eines hoch rot-belasteten Menschen betrachten. Eine Person, die sehr viele rote Chips auf ihrem Konto spürt, hat folgende unbewußt wirkende Bedürfnisse und Empfindungen:

- „Ich kann alles brauchen – nur keine weiteren roten Chips!"

- „Ich mißtraue jedem, denn die Möglichkeiten, „unschuldig" weitere rote Chips zu erhalten, sind vielfältig ..."

- „Ich brauche möglichst bald eine Gelegenheit, meine roten Chips loszuwerden."

- „Wo bekomme ich umgehend ein paar grüne Chips her, die meine Kontostände wieder in eine vernünftige Relation zueinander bringen?"

- „Wem kann ich vertrauen, ohne daß ich Gefahr laufe, Rot zu erhalten?"

Die so eingestellte Person sieht zuallererst einmal in jeder sich anbahnenden Kommunikation die Gefahr, weitere rote Chips zu erhalten. Dementsprechend wird sie sich entweder sperren, sich stark zurücknehmen oder im schlimmsten Falle mit einem unerwarteten Sperrfeuer aus roten Chips versuchen, sich selbst abzusichern.

Derartige Sperrfeuer haben in unserem Team den Namen „Charly-Brown-Effekt", da ein ähnliches Verhalten in einem der Sketche dieser Comic-Serie geschildert wird: Ein kleiner Junge erzählt seiner Mutter, daß er sich im Kindergarten in ein gleichaltriges Mädchen „verliebt" hat. Er erzählt: „Ich bin dagestanden, habe sie angesehen und hab' nicht gewußt, was ich sagen sollte. Und sie ist dagestanden und hat mich angesehen und hat auch nicht gewußt, was sie sagen sollte. Und ich bin immer noch dagestanden und habe sie angesehen und habe nicht gewußt, was ich sagen sollte. Und da habe ich ihr einfach eine reingehauen!"

Nach diesem Verhaltensmuster verfahren eine ganze Reihe von Menschen, wenn sie unterschwellig Angst vor roten Chips haben. Sie fangen vorschnell an, rote Chips zu verteilen, ohne daß eine konkrete Gefahr, gleiche zu erhalten, gegeben ist.

Auf keinen Fall wird sich diese Person freiwillig der Gefahr aussetzen, rote Chips zu bekommen. Je „roter" ein Mensch ist, desto größer ist der Bogen, den er um jede Situation macht, die auch nur „rosa" aussieht. Sie können dies sehr gut beobachten, wenn Sie sich in eine Diskothek, eine Bar oder einen Biergarten begeben. Da stehen oder sitzen Damen am Bartresen, die sich durchaus gerne mit den Herren unterhalten würden, die etwas weiter weg an mehreren Stehtischen ihr Bier trinken. Die Herren ihrerseits wären einer Unterhaltung auch nicht abgeneigt. Aber seltsam! Keine der beiden Geschlechtergruppen macht Ansätze, zur anderen hinüberzugehen und ein Gespräch zu beginnen.

Nun mag dies bei den Damen nicht unüblich sein. Immer noch liegt es, trotz aller Emanzipation, mehr bei den Herren, vor allem die verbalen Kontakte von sich aus aufzunehmen. Aber warum tun es die Männer auch nicht? Dies ist ganz einfach zu erklären.

Wie wir schon festgestellt haben, sind die meisten Menschen heutzutage relativ hoch belastet und scheuen, sich freiwillig möglichen weiteren roten Chips auszusetzen. Immer wieder beobachte ich mit Vergnügen in meinem Stammlokal in Köln eine ganz bestimmte Szene: Links die Damen, rechts die Herren. Blicke werden ausgetauscht. Irgendwann nimmt einer der Herren seinen ganzen Mut zusammen und verläßt seinen Stammtisch in Richtung Damen. In der gleichen Sekunde, in der er dies – von anderen Männern im Lokal beobachtet – tut, sehe ich einen kleinen roten Chip über seinem Haupt schweben. Man sieht dem Herrn an, wie er sich fühlt. Der Kontaktversuch könnte ja scheitern. Da diese allgemein beobachtete „Niederlage" praktisch öffentlich stattfinden würde, hat dieser kleine Chip etwas ziemlich drohendes an sich! Der Mann geht weiter auf die Dame zu. Mit jedem Schritt wird der Chip über seinem Kopf ein Stückchen größer. Schließlich steht er vor der Dame seines Interesses und sucht nach Worten. Das Fürchterliche geschieht! Die geheimen Befürchtungen treffen ein. Die Dame hat einfach keine Lust. Vielleicht findet sie auch den Herrn nicht bemerkenswert, oder sie ist mit einer Freundin da, der sie ungern rote Chips geben möchte, indem sie sich plötzlich mit dem Herrn unterhält. Deshalb gibt sie ihm das, was man gemeinhin einen „Korb" nennt. Nun wird es für ihn erst richtig schlimm! Jetzt muß der arme Mann nämlich, immer noch von allen beobachtet, wieder zurück an seinen Stehtisch! Der ohnehin schon große rote Chip wird auf dem Rückweg so groß, daß dem Herrn eigentlich nur noch eines übrigbleibt: Bezahlen und gehen! Niemand, der nicht ausgesprochen guter Laune, leicht angetrunken oder zumindest sehr selbstsicher ist, wird sich dieser „Gefahr" aussetzen. Wer das einmal erlebt hat, versucht es das nächste Mal gar nicht erst.

Zurück zu unserer Begrüßung des Kollegen Peter! Schon die Antwort „Ach ja, es geht so!" gibt uns eine Chance zum nächsten Schritt, der ebenfalls sehr viel mit dem Zuhören zu tun hat. Peter hat zu erkennen gegeben, daß etwas nicht in Ordnung ist. Hier muß nun von Ihrer Seite etwas kommen, was wir hier „Solidarisierung" nennen: ehrliche Anteilnahme und aufrichtiges Interesse! Auch dieses Verhalten üben wir sicher schon seit langem. Aber wir machen es unserem Gegenüber nicht klar.

Wir müssen bewußt, ehrlich und deutlich kommunizieren!

Wenn wir dies nicht sehr deutlich tun, so wird unser hoch rotbelastetes Gegenüber dies nicht registrieren. Unser mißtrauischer und vorsichtiger Kommunikationspartner muß aber begreifen, daß wir uns für seine Probleme interessieren. Nur so kann er das Vertrauen gewinnen, das er für eine friedliche und konstruktive Kommunikation benötigt. Unsere Anteilnahme tun wir mit Sätzen kund wie: „Oh, das hört sich etwas gestreßt an – was ist denn los?" oder „Das hört sich nach viel Arbeit an!" oder „Das klingt nicht sehr begeistert!"

Solidaritätsbekenntnisse dieser Art signalisieren unserem Gegenüber das, was wir damit ausdrücken wollen, aber aus Gründen der Diplomatie und der Rücksicht nicht klarer aussprechen können. Eigentlich müßten wir sagen: „He – alter Kumpel. Was ist los? Raus mit der Sprache!" Dies aber wäre viel zu direkt. Wir müssen es unserem Gegenüber überlassen, ausführlicher zu seiner Chipsituation Stellung zu nehmen. Sind wir dabei nicht ehrlich, würden wir also dieses Werkzeug in eiskalt manipulierender Absicht benutzen – unser Gegenüber würde dies mit Sicherheit sofort spüren! Bleiben wir ehrlich. In fast allen Fällen werden Sie dann erleben, daß Ihr Gegenüber auf Ihre Solidaritätsbekundung mit mehr oder weniger erklärenden und Anteilnahme fordernden Sätzen antwortet.

- Sie: „Hallo Peter, wie geht's?"

- Peter: „Ach ja, es geht so!"

- Sie: „He, das hört sich aber gar nicht begeistert an. Was ist denn los?"

- Peter: „Ach, die nerven mich im Moment mit immer neuen Sonderwünschen. Dabei habe ich sowieso kaum Zeit, weil ich für unsere Jahrestagung ..."

Peter wird – je nach seinem Vertrauen zu Ihnen – seine roten Chips „auf den Tisch legen". Dies muß Sie interessieren, wenn Ihnen an einer konstruktiven und partnerschaftlichen Kommunikation mit Peter etwas liegt.

Und hier landen wir wieder beim Thema „Zuhören"! Wir hören oft nicht nur – nicht richtig – zu. Wir hören auch zu kurz zu und „schalten ab", wenn wir glauben, wir haben die Botschaft verstanden.

Erinnern Sie sich an die von mir zu Anfang geschilderte Szene mit Herrn Schulze und der Hosteß am Flughafen? Ungeduldig knallte Herr Schulze seinen Flugschein auf den Tresen und sagte: „Ich fliege mit dieser Maschine nach London, und ich möchte, wenn's geht ..." Eigentlich wollte er sagen, daß er am Gang sitzen möchte. Doch die Hosteß auf der anderen Seite des Counters dreht sich in diesem Moment zum Computer und fängt an zu tippen.

Aus der Sicht der Hosteß (und aus der Sicht ihres Arbeitgebers, der Fluggesellschaft) leistet sie perfekten Service. Nach einer freundlichen Begrüßung wendet sie sich umgehend zum Computer, um dem Gast rasch und effizient zu helfen und ihn einzuchecken. Nur – der Gast hat in diesem Moment noch etwas anderes auf dem Herzen! Mit ihrem raschen, scheinbar perfekten Handeln liefert die Hosteß ungewollt rote Chips. Je nach Kontostand des Gastes reagiert dieser entweder mit einer freundlich formulierten Korrektur wie „Halt, halt! Bevor Sie mir eine Bordkarte geben – ist es möglich, daß ich ....", oder er reagiert, mit den Fingern auf den Tresen trommelnd, mit einem demonstrativen Unterbrechen seines Satzes. Im schlimmsten Falle explodiert der Gast – zur Verblüffung der freundlichen Hosteß.

Achtung:

Das Problem vieler Menschen ist es, nicht zu Ende zuzuhören. Nur – wo ist das Ende? Die Journalistin und Referentin Vera Birkenbihl zeigt in ihren Vorträgen gerne ein Beispiel, in dem Personen aus dem Auditorium einfach eine kurze Handlung nachmachen sollen, welche sie den Mitspielern vorzeigt. Wer dieses Spiel nicht kennt, hat kaum eine Chance, zum Erfolg zu kommen. Auch hier der Grund: Die Teilnehmer hören nicht genau – und nicht „zu Ende" zu! Nur – wo bitte ist das Ende ?

Praxis-Tip

Das Kommunikationswerkzeug „aktives Zuhören" dient dazu, festzustellen, ob man irgend etwas falsch oder nicht komplett verstanden hat. Formulieren Sie Sätze wie „Habe

> ich Sie richtig verstanden? Sie wünschen, daß wir dies und
> jenes machen." Oft wird Ihr Gegenüber dann antworten:
> „Nicht direkt. Was ich möchte, ist vielmehr ..." Sagen Sie
> lieber: „Lassen Sie mich zusammenfassen. Sie offerieren
> uns „A" und „C" und „D". Nicht selten wird Ihr Gegen-
> über antworten: „Ja! Und außerdem ..."

Beide Male gibt Ihr Kommunikationspartner damit zu erkennen,
daß Sie und er um ein Haar aneinander vorbeigeredet hätten,
wenn Sie nicht aktiv zugehört hätten.

Beispiel:

Als einer meiner Freunde seine Frau fragte, ob sie etwas dagegen
hätte, wenn er mit mir eine Woche segeln gehen würde, antwortete diese: „Wenn du meinst, du mußt das tun, dann tu es!" Damit meinte sie: „Bleibe bitte zu Hause." Mein Freund interpretier-
te den Satz seiner Frau jedoch wortwörtlich, meinte folgerichtig,
„er müsse dies tun", kam auf mein Boot, und wir verbrachten
eine tolle Woche mit viel Wind und Wellen. Nach Hause gekom-
men, hörte mein Freund nur Vorwürfe seiner Frau. Sie behaupte-
te, ihm doch deutlich zu verstehen gegeben zu haben, daß er
bleiben solle.

Auch hier hätte aktives Zuhören viel Schaden vermieden, indem
mein Freund wie folgt reagiert hätte:

- Er: „Hast du etwas dagegen, wenn ich mit Fred eine
  Woche segeln gehe?"

- Sie: „Wenn du glaubst, du mußt dies tun, dann tu es!"

- Er: „Verstehe ich dich richtig – du hast nichts dagegen?"

Mit diesem Satz hätte er seine Frau dazu bewegt, sich etwas
präziser zu äußern und damit die Basis für ein konstruktives
Gespräch zu liefern.

Praxis-Tip

- Nützen Sie die Chance, während der Solidarisierungsphase eines Gespräches „aktives Zuhören" so intensiv zu praktizieren wie nur irgend möglich!

- Fragen Sie immer wieder nach und überlassen Sie es Ihrem Kommunikationspartner, zum eigentlichen, geplanten Thema des Gesprächs zu kommen. Nur so können Sie Vertrauen gewinnen und ihm klarmachen, daß Sie „keine rote Gefahr" bedeuten, sondern an ihm und seinen roten Chips interessiert sind.

Nun werden Sie mir sagen: „Wenn ich das bei jedem mache, mit dem ich spreche, dann reicht mein Arbeitstag hinten und vorne nicht!" Falsch! Was hilft es Ihnen, wenn Sie auf diese die drei einleitenden Phasen (Hinsehen, Zuhören, Solidarisieren) verzichten und Ihr Gespräch deshalb nicht gut verläuft? Andere Völker haben das schon vor Jahrhunderten begriffen, und sie pflegen das noch heute.

Beispiel:

Wenn sich heute zwei Beduinenstämme irgendwo in der arabischen Wüste zu einem Handel zusammensetzen und dafür 120 Minuten einplanen, so sprechen sie 100 Minuten über alles mögliche, nur nicht über das Geschäft. Anschließend überlegen sie zehn Minuten, ob es Sinn hat, überhaupt ein Geschäft zu machen. Die letzten zehn Minuten sind für den eigentlichen Handel reserviert! Nach diesem Muster laufen in vielen Ecken dieser Welt die Geschäfte ab. Deutsche Geschäftsleute kommen oft ohne Kenntnis dieser erprobten Kommunikationsrituale in arabische Länder. Sie sprechen fünf Minuten über deutschen Fußball und versuchen dann, 115 Minuten lang zu verhandeln. Dabei wundern sie sich, daß nicht sie, sondern ein Asiat das Geschäft macht, der ein ähnliches Zeitmanagement einhält wie der Araber.

Wichtig:

Sie sollten sich fragen, warum alle traditionellen Handelsvölker, Orientalen, Juden, afrikanische Stämme, nordamerikanische Indianer, pazifische Inselvölker usw., seit jeher so ungeheuer viel Zeit für das „Palavern" aufwendeten und noch immer aufwenden. Sie investieren dabei viel an Emotionen und Interesse, um sich mit ihren Kunden erst einmal aufeinander einzustimmen, sich kennenzulernen und weitergehende Informationen auszutauschen. Wir haben die Tugend, uns dem Gesprächspartner und seiner Lebenssituation ausgiebig zu widmen, weitgehend verdrängt. So manche teure Kundenbefragung könnte man sich sparen, wenn nur die Verkäufer mehr diese guten alten Traditionen pflegen würden.

Investieren Sie also so viel Zeit wie möglich in diese Gesprächsphase. Nehmen Sie die Probleme Ihres Gesprächspartners ernst, auch wenn diese für Sie manchmal lächerliches Lamentieren zu sein scheinen. Für ihn sind dies ernstzunehmende Probleme. Überlassen Sie es Ihrem Gegenüber, zu welchem Zeitpunkt er zum eigentlichen Thema des Gespräches umschwenken möchte. Sie werden sehr selten auf Menschen treffen, bei denen dieses Abladen von roten Chips unerträglich lange dauert.

Checkliste: Gesprächsvorbereitung

Zusammenfassend noch einmal die Phasen, mit deren Hilfe Sie jedes wichtige Gespräch beginnen sollten:

- Sorgen Sie für ein kommunikationsfreundliches Ambiente!

  Sie vermeiden damit, von vornherein in einer eine grüne (also positive) Stimmung verhindernden Umgebung mit einer, möglicherweise hoch rot-belasteten, Person sprechen zu müssen. Ungeeignet sind Gespräche über den Schreibtisch hinweg und in Besprechungsräumen. Versuchen Sie – wann immer möglich – heikle oder wichtige Gespräche in neutrale Räume (Restaurant, Cafe usw.) zu verlegen.

■ Beachten Sie alle optischen Informationen, die Sie in den ersten 60 Sekunden eines Gespräches erhalten!

Hier lassen sich schon zahlreiche Informationen zur Einschätzung der Kontostände Ihres Gegenübers sammeln! Achten Sie auf Augenkontakt, auf die Stimmung der Umgebung und auf scheinbar nebensächliche Geschehnisse in der direkten Umgebung Ihres Kommunikationspartners.

■ Hören Sie zu!

Achten Sie auf Untertöne und auf Empfindungen, die mit dem Gesagten an Sie „versandt" werden. Ihr Bauch ist hier mit seinen Entscheidungen oft wichtiger als Ihr Kopf. Mit ein wenig Übung wird Ihre „Sofortanalyse" der Kontostände ungeahnte Trefferquoten erzielen!

■ Pflegen Sie die Solidarisierungsphase.

Denken Sie daran: Nur wenn Ihr Gegenüber Ihnen vertraut, wird er sich öffnen! Investieren Sie soviel Zeit wie nur irgend möglich in diese Phase, und überlassen Sie es Ihrem hochbelasteten Gegenüber (extreme „Plaudertaschen" ausgenommen), wann der Übergang zum eigentlichen Gesprächsthema stattfinden soll.

Der schwierige Umgang mit normalen Menschen

5

In heiklen Situationen angemessen reagieren

Die Frage aller Fragen: Wie können wir Menschen, die hoch rot-belastet sind, einen roten Chip so überreichen, daß diese ihn – trotz ihrer prekären Situation – freiwillig akzeptieren?

Hoch rot-belastete Menschen weichen erst unbewußt, dann sogar zeitweise bewußt allem aus, was auch nur „hellrot" aussieht. Ein Gespräch, das rot beginnt oder dessen Ausgang möglicherweise rot sein könnte, wird vehement abgelehnt oder durch so große Vorbehalte und Abwehrmechanismen beeinflußt, daß es ohne positiven Ausgang bleiben muß.

Ich erinnere mich da an eine Szene, die typisch war für die Art und Weise, wie wir oft rote Chips auf rot-belastete Mitmenschen werfen, ohne uns über die Folgen große Gedanken zu machen. Auf einer Gartenparty stolperte ein etwa vier Jahre altes Mädchen (Klara, die Tochter eines Freundes) über einen Gartenschlauch. Es fiel, vor den Augen aller Gäste, der Länge nach auf den Bauch und schlug sich dabei das rechte Knie etwas auf. Daß die junge Dame lauthals losweinte, war verständlich! Es gab eine Menge Gründe:

- Sie war erschrocken, daß sie hingefallen war. Dies war ein roter Chip!

- Sie hatte sich das Knie aufgeschlagen und war über das Bluten erschrocken. Ein weiterer roter Chip!

- Das Knie tat weh. Noch ein roter Chip!

- Viele Umstehende (darunter auch viele andere Kinder) schauten neugierig her; auch dies waren rote Chips.

- Einer der Erwachsenen lachte über die Situation lauthals und lieferte damit einen besonders großen roten Chip.

Klara hatte also in wenigen Sekunden eine Flut von roten Chips auf ihrem Konto aufnehmen müssen. Als wenn dies nicht genug wäre, kam es zu einer bemerkenswerten negativen Situation. Ihre Mutter stürzte zu dem Kind, zerrte es am Arm in die Höhe und schimpfte laufstark: „Ich habe dir tausend Mal gesagt, du sollst die Augen aufmachen, wenn du herumläufst!" Ein riesen großer roter Chip wurde da der armen Klara ausgerechnet von derjenigen Person aufs Auge gedrückt, der ihr naturgemäß am nächsten stand! Diese Mutter hat keine Ahnung, was sie da angerichtet hat. Und sie wird sich eines Tages wundern, wenn Klara zu Hause dem Kanarienvogel den Hals umdreht oder der Lieblingspuppe die Haare ausreißt.

Am gleichen Nachmittag klemmte sich Thomas, sechs Jahre alt, in einer Terrassentür die Finger. Nicht schlimm, aber schmerzhaft! Auch Thomas heulte lautstark los. Diese Situation wurde von einer meiner Mitarbeiterinnen beobachtet, die sofort und gerne auf Thomas zuging. Sie startete mit einer kindgerecht verbalisierten Solidarisierung. „Oh Thomas, das tut aber weh! Ich kann das nachfühlen, Neulich hatte ich mir auch so die Finger geklemmt und das tat höllisch weh! Damals hatte ich ..." Sie lamentierte weiter, was Thomas zu einem augenblicklichen Stopp seines Weinens veranlaßte. „Es geht schon!", stellte er plötzlich trocken fest. Nun kam der entscheidende Satz von unserem Teammitglied: „Thomas, hör mal zu! Was muß ich tun, damit du dir in Zukunft die Finger nicht mehr klemmst?" Thomas starrte sie verblüfft an. Wir wissen nun nicht, ob er dachte „Ist bei der im Kopf noch alles in Ordnung?" oder ob da plötzlich ein heftiger Denkprozeß über eigenes Verhalten einsetzte. Auf jeden Fall war er die nächsten Minuten sichtbar am Grübeln.

Natürlich verfährt man mit Erwachsenen anders. Auch stellen viele Situationen Sonderfälle dar. Trotzdem zeigt sich in diesen beiden, eben geschilderten Situationen, wie man es nicht macht – und wie man rote Chips überreicht.

In den folgenden Kapiteln werden wir uns Kommunikationswerkzeuge ansehen, die Sie umgehend ausprobieren sollten! Dabei kann es gut sein, daß Sie auf Anhieb erst einmal keinen oder nur teilweisen Erfolg haben. In diesem Falle haben Sie etwas nicht richtig oder nicht konsequent genug gemacht und müssen es wieder versuchen.

Praxis-Tip

Erst wenn Sie Ihren persönlichen Stil gefunden und diese Werkzeuge mit eigener Erfahrung versehen haben, sie also vollautomatisch – und ohne groß nachzudenken – einsetzen können, werden Sie auch Situationen mit komplizierter Kommunikation voll Begeisterung und sportlichem Ehrgeiz begegnen.

Lassen Sie sich also auf keinen Fall von ersten Fehlschlägen abschrecken! Dazu paßt die provozierende Frage eines meiner Freunde: „Wer trainiert mehr Tennis? Der Weltranglistenerste, oder ein Sonntagsspieler?" Natürlich der Spitzenprofi! Aber wozu tut er dies? Er ist doch schon der Beste! Selbst er hätte keine Chance gegen seine Gegner, wenn er nicht permanent trainieren würde. Auch er hat damit angefangen, stundenlang Bälle überall hin zu schlagen – nur nicht übers Netz. Er wurde gut, weil er es wieder und wieder bewußt (!) versuchte. Genauso verhält es sich mit der „Sportart" Kommunikation. Sie zu trainieren und zu praktizieren macht wirklich Spaß. Probieren Sie es einfach aus!

Probleme lösen, nicht abwälzen!

Solange man selbst wunderbar grün gestimmt mit Personen kommuniziert, die ihrerseits nicht nennenswert rot-belastet sind, braucht man sich um richtige Verhaltensweisen wenig Gedanken zu machen.

Wir bewegen uns damit allerdings auf ziemlich weltfremdem Boden. Allenfalls bei frisch Verliebten wird man eine derartige Situation antreffen. Alle anderen sind nicht so wunderbar aufnahmefähig für alles, was das Gegenüber von sich gibt.

Beispiel:

Untersuchungen haben gezeigt, daß selbst unter den friedfertigen „Jüngern" indischer Gurus, in vielen vorgeblich so harmonischen Selbsterfahrungsgruppen und in Hilfsorganisationen (in denen scheinbar alle an einem Strang ziehen) oft ein brutales verbales Hauen und Stechen existiert, bei dem rote Chips sehr subtil und mit unglaublicher Präzision absichtlich eingesetzt werden.

Wir werden sehr selten auf völlig ausgeglichene und wenig belastete Menschen treffen. Und es wird auch nicht immer alles harmonisch verlaufen. Manchmal müssen wir „nein" sagen und Fehler eingestehen, die unserem Kommunikationspartner Schwierigkeiten bereiten. Oder wir müssen Mitmenschen an Spielregeln erinnern oder sie auf Fehler aufmerksam machen. In diesem Fällen müssen wir rote Chips überreichen – ob wir wollen oder nicht!

Vor solchen Momenten fürchten sich viele Menschen. Sie gehen solchen Gesprächen gerne aus dem Weg. Unzufriedene Ehepartner fügen sich deshalb lebenslang in ihr Schicksal. Manche sorgen heimlich für grüne Ausgleichchips, die sie sich durch Hobbys, Alkohol oder bei anderen Menschen holen. Nicht wenige Führungskräfte vermeiden deshalb kritische Gespräche mit Mitarbeitern. Sie ziehen sich einfach auf die Position des Anordnenden zurück, lassen sich verleugnen oder schieben Untergebene als Buhmänner vor.

Wenn wir rote Chips übergeben müssen, so winden wir uns wie „getretene Schlangen". Einige von uns versuchen, mit Engelszungen um den heißen Brei herumzureden. Andere verfahren nach dem Grundsatz: Augen zu und durch! Viele verfahren nach der gängigsten Methode: Sie werfen dem Gegenüber die roten Chips vor die Füße – und die (selbst für gut befundenen) Lösungen ultimativ gleich hinterher!

Beispiele:

- Sie zu ihrem Lebenspartner: „Hör mal! Ich habe es nun wirklich satt, immer deine offenen Zahnpastatuben zumachen zu müssen! Wenn ich die morgen wieder offen finde, werfe ich sie einfach weg!"

- Ein Vater zu seiner 14 Jahre alten Tochter: „Wenn du meinst, du mußt heute abend wieder zu spät nach Hause kommen, dann bleibst du das Wochenende in deinem Zimmer!"

- Eine Führungskraft zu einem Mitarbeiter: „Wenn Sie das nicht bald begriffen haben, dann muß ich mir etwas einfallen lassen!"

- Ein Mädchen zu einer Freundin: „Nun zier' dich doch nicht so! Wenn's dir nicht paßt, dann laß es eben bleiben!"

- Ein Gewerkschaftsboß zum Firmenchef: „Entweder Sie akzeptieren unsere Forderungen oder wir streiken!"

- Ein Firmenchef zum Gewerkschaftsboß: „Entweder Sie akzeptieren die neuen Arbeitsverträge, oder ich sehe mich gezwungen, den Laden dichtzumachen!"

- Ein kleiner Junge zu seinem großen Bruder: „Entweder ich bekomme etwas von deinem Eis ab oder ich sage Mami, daß du heute …"

Das Problem:

Wir werfen unserem Kommunikationspartner das Problem vor die Füße – und eine ultimative Lösung hinterher.

Wir werfen jemand einen roten Chip vor die Füße und bestehen darauf, daß der Empfänger damit so verfährt, wie wir es wünschen.

Eng gesehen, kann man so etwas auch als Erpressung betrachten! Dieses Vorgehen läßt dem Gegenüber keinerlei Chance, dem roten Chip irgendwie auszuweichen. Es muß sich blitzartig entscheiden, hat keine Zeit, den Chip näher zu betrachten.

Selbstverständlich wird der Empfänger des roten Chip den natürlichen Weg der Selbstverteidigung gehen und impulsiv versuchen, den Chip abzublocken. „Ach, laß mich doch endlich in Ruhe!", kommt es oft zurück.

Sehr oft wird der Chip umgehend zurückgeworfen und bei dieser Gelegenheit noch ein weiterer kleiner Chip hinterher: „Reg' du dich über meine Zahnpastatube auf! Und was ist mit deinen herumliegenden Haaren, die Abflüsse verstopfen und meinen Kamm verfilzen, nur weil du zu faul bist, dir einen eigenen zu kaufen?"

Ein derartiges „Gespräch" führt zu überhaupt nichts! Rot wird gegen rot getauscht. Wenn rot nicht getauscht werden kann, dann wird der Chip umgehend an Dritte weitergegeben, egal ob diese „Dritten" Personen, Telefonzellen, die eigene Magenschleimhaut oder die eigenen Fingernägel sind.

Die Lösung:

Sie müssen rote Chips in die Mitte – zwischen sich und den Empfänger – stellen! Dann müssen Sie es dem Empfänger überlassen, diese Chips (die restliche Distanz) an sich heranzuziehen.

Die Voraussetzung für ein derartiges Lösungsverfahren ist, daß Sie alle bisher angesprochenen Kommunikationselemente berücksichtigt und umgesetzt haben:

- Sie haben sich gut überlegt, zu welchem Zeitpunkt und an welchem Ort Sie die roten Chips überreichen möchten. Sie haben dabei auf möglichst „grüne" Elemente geachtet.

- Sie haben mit Ihrem Gegenüber wohlbedacht und gut beobachtend (und zuhörend) Kontakt aufgenommen.

- Sie haben es geschafft, sich mit Ihrem Gegenüber einzustimmen, sich „zu solidarisieren".

- Sie haben einen gefestigten Eindruck, wie die Kontostände Ihres Gegenübers aussehen.

Das „In-die-Mitte-Stellen": gemeinsam eine Lösung finden

Sehen wir uns dieses Lösungsverfahren einmal ein wenig symbolisch an: Um das so wichtige Verfahren des „In-die-Mitte-Stellens" besser begreifen zu können, stellen Sie sich bitte einmal vor, mit dem zukünftigen – und vielleicht noch ahnungslosen – Empfänger der roten Chips an einem Tisch zu sitzen. Sie sitzen sich gegenüber. In Ihrem Schoß liegen einige massive rote Chips, welche Sie (daran geht in dieser fiktiven Szene situationsbedingt kein Weg vorbei!) gleich über den Tisch reichen müssen. Anstatt nun die Chips hinüber, über den ganzen Tisch hinweg, bis direkt vor den Empfänger zu schieben, legen Sie diese nur in die Tischmitte und bitten ihn, die Chips doch einmal etwas genauer zu betrachten. Meist wird der Empfänger diese Chips anfangs ablehnen und wieder zu Ihnen zurückschieben. Aber spätestens nach drei Versuchen zieht der Empfänger die Chips zu sich heran und setzt sich ehrlich und intensiv damit auseinander.

Wie sieht's in der Realität aus?

Soweit zur Symbolik. In der Realität ist diese Situation sehr ähnlich. Dabei ist es unerheblich, ob Sie sich dabei in der Sitzgruppe Ihres Managerbüros, an einem Schreibtisch, in einem Besprechungsraum, an einer Supermarktkasse oder vor dem Tresen einer Beschwerdestelle befinden.

Wichtig:

Es ist sehr hilfreich, sich während solcher Situationen die vorher aufgezeigte, symbolische Situation vorzustellen.

Spielen wir nun eine annähernd realistische Szene durch und sehen uns dabei an, wie dies leider zu oft aussieht. Danach sehen wir uns an, wie diese Szene aussehen könnte bzw. sollte:

Beispiel:

Herr Peter Irgendwer soll um zehn Uhr dringend zu seinem Chef kommen. Mit dem seit neun Uhr über seinem Kopf schwebenden roten Chip belastet, erscheint er im Sekretariat seines Vorgesetzten. Die Sekretärin mustert Peter von der Seite. „Wieviel weiß die?", durchfährt es Peter. Die Sekretärin murmelt etwas von: „Muß mal sehen, ob er schon Zeit hat. Hier geht's heute richtig rund!" Dann steht sie auf, steckt den Kopf durch den Türspalt zum Direktionsbüro, zieht ihn wieder heraus und flüstert dann zu Peter: „Sie können jetzt hineingehen!"

Als Peter den Raum betritt, ist sein Chef demonstrativ mit anderem beschäftigt. „Nehmen Sie bitte Platz!", schnarrt es Peter entgegen. Kaum sitzt er, wirft der Vorgesetzte eine Akte vor ihn hin. „Dies ist nun schon das dritte Mal, daß Sie vergessen, eine Anfrage vollständig zu bearbeiten. Jedesmal gibt es Ärger! Ich muß mich beim Kunden rechtfertigen, und dies habe ich langsam satt!"

Peter versucht fieberhaft, den Grund für diesen Leistungsabfall zu formulieren. Daß er in den letzten Wochen vor lauter Arbeit etwas den Überblick zu verlieren droht, daß es daneben Ärger mit seinen Kindern in der Schule gibt, daß er Streß mit seiner Partnerin hat und daß er gesundheitlich in der letzten Zeit auch nicht so auf der Höhe ist.

Aber noch während er schüchtern versucht, dies seinem Chef zu erklären, faucht dieser zurück: „Es ist mir ziemlich egal, mit wem Sie zu Hause Ärger haben! Sie sind hier, um zu arbeiten. Und ich erwarte von Ihnen, daß Sie Ihre Arbeit motiviert und fehlerfrei verrichten. Wenn Ihnen dies nicht gelingt, so muß ich mir ernsthaft überlegen, was ich mit Ihnen anstelle. Das war das letzte Mal! Habe ich mich klar ausgedrückt?"

Peter Irgendwer hat nur eine Chance – zu nicken. Seufzend und mit gesenktem Haupt verläßt er das Büro.

Der Verlauf dieses Gesprächs entspringt übrigens nicht meiner Phantasie, sondern wird mir so von Mitarbeitern unterschiedlichster Unternehmen immer wieder geschildert.

Inzwischen ist Ihnen natürlich aufgefallen, was sich wirklich hier abspielt. Dieser Vorgesetzte hat unzweifelhaft reichlich Rot auf seinem Konto. Ihm ist dieses Gespräch zuwider. Er verteilt nicht nur die unvermeidbaren roten Chips, sondern wirft noch eigene „Frust-Chips" hinterher.

Sehen wir uns doch einmal an, wie ein sorgfältiger und hinsichtlich seiner Führungskommunikation besser agierender Vorgesetzter verfahren würde.

Beispiel:

Peter Irgendwer hat kurz nach seinem Eintreffen am Arbeitsplatz einen Anruf seines Chef erhalten. Dieser fragte ihn, ob das mit zehn Uhr in Ordnung sei oder ob Peter einen anderen zwingenden Termin wahrnehmen müsse. Peter verneint, und so bleibt es bei zehn Uhr. Sein Chef fragt ihn, ob er schon gefrühstückt habe. Als Peter verdutzt verneint, meint sein Chef: „Dann lasse ich uns Kaffee und ein paar Brötchen kommen!"

Pünktlich um zehn Uhr betritt Peter das Sekretariat seines Vorgesetzten. Die Tür zum „Allerheiligsten" steht offen, und sein Chef kommt ihm auf halbem Wege entgegen. „Guten Morgen, Herr Irgendwer! Tut mir leid, daß ich Sie so früh schon aus Ihrem Büro hole. Wie geht es Ihnen?" Peter bedankt sich und bemerkt, daß das mit der Uhrzeit kein Problem sei. Man nimmt nicht am Schreibtisch Platz, sondern in einer kleinen Sitzgruppe etwas abseits. Zu Peters Verblüffung schenkt sein Vorgesetzter selbst Kaffee ein und bietet ihm ein belegtes Brötchen an. „Was gibt es Neues in der Vertriebsabteilung? Ich bekomme ja leider alles immer nur am Rande mit!", fragt der Chef. Peter erzählt mit dünnen Worten. Mit weiteren Fragen kommt man noch auf jede Menge anderer Themen zu sprechen. Auf kommende Projekte, auf die nahende Urlaubszeit, auf ein aktuelles Zugunglück, auf die lieben Kinder und ihre Schulprobleme und mehr. Immer erzählt der Chef auch ein wenig aus seinem eigenen Alltag und nimmt so Peter die Scheu, von sich zu berichten.

Irgendwann in dieser Unterhaltung meint sein Chef: „Herr Irgendwer, ich habe Sie gebeten, zu mir zu kommen, weil ich Ihre Hilfe benötige, da ich ein Problem habe!" Peter setzt sich gespannt gerade. „Ich kenne Sie als hervorragenden und sorgfältig agierenden Mann, der einwandfreie Arbeit leistet. Nun aber stehen wir dreimal hintereinander vor der Tatsache, daß Sie schlicht und einfach vergessen, eine Kundenanfrage wirklich komplett zu bearbeiten. Ihre Versäumnisse verhindern, daß der Innendienst wirklich rasch reagieren kann. Jedesmal muß ich mir dann die Reklamationen unserer Kollegen aus den anderen Abteilungen anhören. Ich verstehe nicht, warum dies plötzlich nicht mehr so läuft, wie ich es von Ihnen gewohnt bin. Deshalb meine Bitte: Helfen Sie mir zu verstehen, warum Ihnen in der letzten Zeit diese Fehler passieren!"

Mit diesen Worten schiebt der Vorgesetzte einen roten Chip zwischen sich und Herrn Irgendwer. Da er Peter die Chance zu einer Stellungnahme läßt, hat er den Chip nicht zu weit auf Peter zugeschoben.

Peter Irgendwer macht nun etwas, was alle Menschen machen: Er ringt nach einer Ausrede: „Ja, das mit den Verträgen tut mir leid. Ist mir ja erst jetzt passiert. Sonst mache ich das ja immer richtig! Aber in letzter Zeit komme ich vor lauter Arbeit kaum mehr zum Atmen!"

Er schiebt damit den roten Chip wieder zurück in die Tischmitte.

„Das weiß ich, Herr Irgendwer. Wenn ich das ändern könnte, würde ich es sofort tun. Allerdings ist dieser Arbeitsanfall für mich noch kein verständlicher Grund für Ihre schlechte Arbeit der letzten zwei Monate. Denn Sie hatten auch vorher viel zu tun. Da aber hatten Sie diese Fehler nie gemacht, soviel ich weiß. Deshalb noch einmal: Bitte helfen Sie mir zu begreifen, warum Sie in den letzten Monaten plötzlich Fehler machen, die Ihnen vorher nie passiert sind!"

Der Vorgesetzte schiebt den roten Chip behutsam wieder auf Peter zu.

Daraufhin Peter: „Ich weiß auch nicht, was das soll. Aber im Moment habe ich einfach den Schreibtisch zu voll. Außerdem habe ich ja versucht, zusammen mit dem Innendienst den Kunden anzurufen, um ihm die Misere zu erklären!"

Damit versucht Peter erneut, den Chip zurückzuschieben.

Sein Vorgesetzter: „Auch das ist richtig, Herr Irgendwer. Jedoch erklärt mir auch das nicht den Grund für Ihre Fehler. Was kann der Grund für Ihr Handeln sein? Es steht mir nicht zu, Sie danach zu fragen: Aber gibt es irgend etwas in Ihrem Umfeld, das Sie in den letzten Monaten so belastet, daß Sie bei scheinbar nebensächlichen Dingen keinen Kopf frei haben? Ich würde diese Leistungsänderung wirklich gerne verstehen."

Zum dritten Mal schiebt der Vorgesetzte damit den Chip auf Peter zu. Zugleich baut er ihm eine verbale Brücke, die es Peter erleichtern soll, den Chip anzunehmen.

Und nun kommt Peter zur Sache: „Ja, das stimmt schon. Ich habe im Moment auch privat einiges um die Ohren. Außerdem laufe ich noch zweimal die Woche nach der Arbeit zum Arzt, um ..."

Peter fängt an, sein Herz auszuschütten. Unbewußt nimmt er damit auch eine Chance wahr, einige von seinen roten Chips abzubauen, da er sich sicher und verstanden fühlt.

Peters Vorgesetzter hört ruhig zu und fragt einige Male nach, um genauer zu verstehen. Irgendwann wiederholt er, was Peter ihm erzählt hat und setzt dann zur Schlüsselfrage an: „Herr Irgendwer, danke, daß Sie mir das alles geschildert haben. Dies macht einiges für mich verständlicher. Natürlich ändert es nichts daran, daß diese Fehler nicht mehr passieren dürfen. Aber ich möchte Sie da nicht „im Regen stehen lassen", deshalb frage ich Sie: Was kann ich tun, damit Ihnen diese Fehler nicht mehr passieren?"

Peter ist damit in einer Zwickmühle. Sein Vorgesetzter kann eigentlich wenig dazu tun – außer ihm vielleicht etwas Arbeit abzunehmen. Und genau dies sagt er ihm, woraufhin sein Chef antwortet: „Hier habe ich noch ein Problem, denn das wird in absehbarer Zukunft nicht möglich sein. Alle von uns haben einen über-vollen Schreibtisch, und bedauerlicherweise haben wir im Mo-ment nicht die Möglichkeit … Aber das soll uns nicht daran hin-dern, für Sie einen Weg zu finden, diese Fehler in Zukunft zu ver-meiden. Deshalb noch einmal: Was können wir tun, damit …"

Peter geht mental auf Lösungssuche – und er findet eine: „Sie haben schon irgendwie recht. Ich glaube, ich muß einfach versu-chen, …" Peter findet selbst (!) einen für beide akzeptablen Lö-sungsansatz. Er akzeptiert damit den roten Chip. Er wurde ihm fair überreicht, und er hatte eine Chance, diesen Chip zu be-trachten und zu besprechen, bevor er ihn auf sein Konto lud. Mit dieser Vorgehensweise seines Vorgesetzten schrumpfte der Chip auf eine geringere, jedoch immer noch wirksame, leichter zu ak-zeptierende Größe.

Sein Vorgesetzter hatte Erfolg. Ein motivierter und ermutigter Pe-ter Irgendwer verläßt das Büro. Trotz allem weiß Peter, daß er jetzt am Zuge ist, das in ihn gesetzte Vertrauen nicht zu enttäu-schen.

Praxis-Tip

Das Schlüsselsystem, um Menschen rote Chips zu überrei-chen, läßt sich in drei Kernfragen zusammenfassen, die Sie immer im Kopf haben sollten, wenn Sie in ein derartiges Gespräch gehen:

- „Ich habe ein Problem!"

- „Ich brauche Ihre Hilfe!"

- „Was muß ich tun, damit Sie Ihr Verhalten ändern (oder in einem bestimmten Sinne agieren)?"

Für den letzten Satz existiert die abgeschwächte Version: „Was können wir tun, damit Sie …"

Es funktioniert wirklich! Hunderte von Teilnehmern unserer Trainings haben dies bezweifelt. Direkt am Trainings-Tag haben sie es dann versucht. Irgendwo auf dem großen Trainingsareal „Erde". Im Supermarkt, beim Taxifahrer, beim Kellner oder bei Freunden. Und schon nach wenigen Tests waren sie der Überzeugung, daß Mitmenschen durch diese Vorgehensweise rote Chips akzeptieren, welche sie ansonsten abgeblockt oder zurückgeworfen hätten. Warum das so gut funktioniert? Ganz einfach! Weil Sie Ihrem Kommunikationspartner gegenüber fair und fürsorglich bleiben!

Praxis-Tip

Fairneß und Fürsorge, dies ist Sensibilität für die Nöte Betroffener, sind die Schlüsselelemente, auf denen heikle Kommunikationssituationen aufgebaut werden müssen.

Jemanden mit roten Chips „niedermachen" ist relativ einfach. Es zerstört jedoch die Kommunikationsbasis für spätere Gespräche. Jemandem rote Chips in einer Weise zu übergeben, die diesem faire Chancen läßt und ihn dann hocherhobenen Hauptes ziehen läßt, ist die hohe Kunst der Kommunikation.

Wichtig:

Damit Sie diese wichtige Phase eines Gespräches noch besser verstehen, sollten Sie die nachfolgenden Beispiele durchlesen. Anschließend sollten Sie direkt – und noch heute! – versuchen, derartiges Vorgehen zu testen. Auch dazu werde ich Ihnen einige Möglichkeiten zeigen.

Erste Szene:

Karin ist 14 Jahre alt und (heimlich) das erste Mal verliebt. Gestern kam sie deshalb schon zum zweiten Mal wesentlich später nach Hause, als es ihr von ihren Eltern zugestanden war. Normalerweise würden Eltern nun mit dem uns schon bekannten Vorgehen reagieren: „Wenn du noch einmal zu spät nach Hause kommst, dann bleibst du zum Wochenende in deinem Zimmer. Basta!" Daß dies nur Trotz und Abkoppelung, nicht aber Verständnis für die Sorgen der Eltern auslöst, begreifen diese selten.

Karins Vater ist klüger als die Mehrheit aller Erziehungsberechtigten. Er setzt sich am nächsten Morgen, nach einem familiär gemütlichen Frühstück für ein paar Minuten mit seiner Tochter auf die Veranda seines Hauses. Damit verfährt er nach unseren Handlungsprinzipien für heikle Situationen. Er sorgt damit für ein „grünes Ambiente". Dort plaudert er mit seiner Tochter ein wenig über deren Erlebnisse vom Vortag, ist ehrlich interessiert und hört aktiv zu. Seine irgendwann eingestreute Schlüsselfrage wird mit offenen Ohren aufgenommen: „Karin, ich habe ein Problem, bei dem ich deine Hilfe benötige. Wir hatten vereinbart, daß du abends spätestens um zehn Uhr zu Hause bist. Nun kommst du schon zum zweiten Mal erst kurz vor elf Uhr. Ich kann mich doch bei allen Abmachungen sonst immer voll auf dich verlassen. Nun weiß, ich sehr gut, daß es tausend gute Gründe gibt, warum man schöne Momente nicht einfach abbrechen möchte. Trotzdem bitte ich dich, dabei auch ein wenig an mich zu denken. Ich mache mir Sorgen, wenn ich nicht weiß, wo du steckst. Ich würde gerne verstehen, warum du in diesem Fall meine Sorgen ignorierst!"

Auch hier findet Karin, wie alle Menschen in solchen Situationen, zuerst Ausreden („kann ja mal vorkommen"), die aber ihr Vater behutsam wieder entkräftet. Immer wieder schiebt er den „Chip in die Mitte". Bis zu der Frage: „Gut Karin, jetzt bin ich erst einmal etwas beruhigter, weil ich die Hintergründe etwas besser kenne. Trotzdem bleiben meine Sorgen, ob es meiner Tochter wirklich gut geht. Laß uns doch einmal gemeinsam überlegen, wie wir beide zufrieden sein können. Was müssen wir tun, damit du …"

Zweite Szene:

Erika, seit zehn Jahren mit Peter Irgendwer verheiratet, möchte unbedingt in den neuen Film, der am Samstag das erste Mal in die lokalen Kinos kommt. Die Sache hat allerdings einen Haken. Sie würde sehr gerne mit Ihrem Ehemann gehen. Der jedoch wird mit Sicherheit nicht sehr begeistert sein, da an diesem Abend seine Lieblingssendung im Fernsehen übertragen wird. In vielen Ehen würde sich das nun nötige Gespräch wie folgt (wahrscheinlich zwischen Küche und Wohnzimmer) abspielen:

- Sie: „Peter!?"

- Er: „Ja, was is' denn?"

- Sie: „Gehst du mit mir Samstag abend ins Kino?"

- Er: „Ne! du weißt doch, daß ich mir da die YX-Sendung ansehen möchte."

- Sie: „Mensch, du und deine YX-Sendung! Ist dir dieser Mist wichtiger, als mit mir einmal im Jahr ins Kino zu gehen?"

- Er: „Na und? Geh' doch mit deiner Freundin! Ihr gluckt doch sonst auch immer zusammen."

Hier werden von einer Ehefrau rote Chips in der Erwartung überreicht, daß diese zurückgeworfen werden, was auch prompt geschieht. Das Resultat ist ein Ping-Pong-Spiel mit roten Chips, wobei jeder der beiden Spieler immer noch einen kleinen eigenen Ball hinterherwirft.

Erika verhält sich klüger. Anstatt den gewohnten Weg des „Chip-hinwerfens" zu gehen, verwendet auch sie die drei Schlüssel-sätze:

- Sie: „Peter, ich habe da ein kleines Problem, da brauche ich deine Hilfe! du weißt, ich freue mich schon seit langer Zeit, mit dir zusammen den neuen Film – du weißt schon, den ABC-Film – anzusehen. Ich dachte, wir könnten Sonn-tag zusammen ins Kino gehen. Sonntags haben wir keine Zeit. Und nun habe ich ein Problem! Es bleibt uns nur der Samstagabend. Ich weiß aber, daß am Samstagabend dei-ne Lieblingssendung im Fernsehen läuft. Hilf mir doch mal! Was können wir tun, damit du mir zuliebe dieses Mal über deinen Schatten springst und ausnahmsweise auf deinen Fernsehabend verzichtest?"

- Er: „Warum gehst du denn nicht mit deiner Freundin? Die ist doch sicher auch an dem Film interessiert. Da muß ich doch nicht mitlaufen!"

- Sie: „Das ist richtig. Sie möchte sich den Film ebenfalls an-sehen. In diesem Fall liegt mir aber sehr viel daran, mit dir wegzugehen. Mein Problem ist, daß ich weiß, wie schwer es dir fällt, deinen Samstagabend einmal aufzugeben. Des-halb noch einmal die Bitte um deine Hilfe: Was können wir tun, damit du …"

Wie alle geht auch Peter erst einmal den Weg, ankommende Chips zurückzuwerfen. Erika jedoch schiebt den Chip behutsam wieder auf Peter zu, der ihn schließlich akzeptiert.

Dritte Szene:

Immer wieder wird uns in Workshops und Seminaren eine typi-sche Situation aus dem Berufsleben geschildert. Es ist etwas schief gelaufen. Eine Lieferung wird sich zum zweiten Mal ver-zögern. Der Kunde war das erste Mal schon nicht sehr erfreut und wird diesesmal bestimmt richtig sauer werden. Der für ihn zuständige Verkäufer hat Angst, ihn anzurufen und in die roten Chips des Kunden hineinzulaufen.

Deshalb werden nun seifenweiche Entschuldigungsbriefe verfaßt und voreilig Zugeständnisse gemacht, die sehr rasch ein Anspruchsdenken auf Seiten des Kunden – und ein Schutzverhalten auf Seiten des Verursachers hervorrufen.

Sehen wir uns doch einen Verkäufer an, der klüger verfährt: Im Idealfall fährt er zum Kunden und arrangiert dort ein Treffen auf stimmungsneutralem „grünem" Boden.

Ist dies nicht möglich, so ruft der Verkäufer den Kunden zu einer Zeit an, wenn er einschätzen kann, daß der Gesprächspartner einigermaßen unbelastet von aktuellen roten Chips ist: am frühen Morgen.

- Der Verkäufer: „Guten Morgen Herr Schulze. Es ist schön, daß ich Sie schon so früh erreiche. Tröstend, daß nicht nur bei uns schon früh am Morgen der Laden brummt.

- Herr Schulze: „Morgen, Herr Irgendwer. Was gibt's denn so früh Schönes?"

- Herr Irgendwer: „Herr Schulze, ich habe ein Problem, da benötige ich Ihre Hilfe! Sie haben bei uns den neuen Drukker bestellt und dabei leider erlebt, daß auch wir, trotz unseren guten Rufes, Dinge verhauen können. Ich hatte Ihnen versprochen, daß der Drucker diese Woche bei Ihnen eintreffen wird. Und genau da fängt nun mein Problem an, bei dem ich Sie um Ihre Hilfe bitten muß."

- Herr Schulze: „Ich ahne Fürchterliches! Erzählen Sie mir jetzt nicht, daß der Drucker wieder nicht lieferbar ist!"

- Herr Irgendwer: „Ihre Ahnung trügt Sie nicht. Auch ich wäre an Ihrer Stelle sehr sauer! Was können wir tun, damit Ihnen durch diese Lieferverzögerung nicht noch mehr …"

- Herr Schulze: „Was heißt hier wir? Sie haben das verbockt! Und Sie sind es auch, der nun dafür sorgen muß, daß ich nicht noch mehr …"

- Herr Irgendwer: „Das ist im Prinzip richtig, Herr Schulze. Wir haben da einiges übersehen und Sie sind der Leidtragende. An der erneuten Lieferverzögerung läßt sich trotzdem wenig ändern. Um das Ganze jedoch für Sie erträglicher zu gestalten, benötige ich Ihre Hilfe. Deshalb noch einmal: Was können wir tun, damit Ihnen …"

- Herr Schulze: „Was schlagen Sie mir denn vor?"

Herr Schulze hat den roten Chip in die Hand genommen und ist bereit, sich damit ernsthaft auseinanderzusetzen. Kurz zuvor hatte auch er versucht, ihn wieder zum Verkäufer zurückzuschieben. Dieser jedoch hat behutsam einen weiteren Anlauf gemacht und war schließlich damit erfolgreich.

Vierte Szene:

Wieder einmal fliegt Herr Schulze nach London. Heute allerdings ist er rechtzeitig eingetroffen. Nachdem Gaby sein Gepäck abgefertigt hat, spricht sie ein Thema an, das allen Mitarbeitern von Fluggesellschaften Nerven kostet.

- Gaby: „So Herr Schulze, hier sind Ihre Gepäckabschnitte. Jetzt allerdings habe ich noch ein Problem, bei dem ich Ihre Hilfe benötige."

- Herr Schulze: „Was kann ich für Sie tun?"

- Gaby: „Ich sehe hier Ihr Handgepäck. Diese großen Papprollen können wir nicht in der Kabine verstauen! Andererseits haben Sie sicher Sorge, daß diesen Rollen etwas passieren könnte. Hier brauche ich Ihre Hilfe. Was können wir tun, damit Sie die Rollen auch einchecken?"

- Herr Schulze: „Das geht nicht! Ich brauche die Rollen. Da sind wichtige Pläne drin. Wenn die verloren gehen, …"

- Gaby: „Das kann ich gut verstehen. Da würde ich mir an Ihrer Stelle auch Sorgen machen. Trotzdem haben wir beide das Problem, daß diese Rollen in der vollbesetzten Maschine einfach keinen Platz finden. Lassen Sie uns doch gemeinsam überlegen: Was können wir tun, damit Ihre wichtigen Rollen …"

- Herr Schulze: „Was schlagen Sie denn vor?"

Gaby geht hier richtigerweise den Weg einer sehr intensiven Solidarisierung, indem sie laut und deutlich die Sorgen Ihres Gegenübers anspricht und anerkennt.

Auch wenn Herrn Schulze zu Anfang der Sinn mehr nach einem Zurückwerfen des roten Chips ist; schon nach zwei- oder dreimaligem verständnisvollen, aber auch bestimmten Nachhaken durch Gaby wird er sich deren Vorschlägen öffnen und damit den roten Chip etwas ruhiger in die Hand nehmen.

Zahlreiche Gespräche, die wir sehr bewußt registriert haben, zeigten, daß es kaum Menschen gibt, die nicht nach spätestens dreimaligem Hinschieben des roten Chips bereit sind, an einer Lösungsfindung konstruktiv mitzuarbeiten. Ein- oder zweimal wird der vorgelegte rote Chip immer zurückgeschoben. Aber kurz darauf wird er doch etwas ernsthafter untersucht und meistens akzeptiert.

Beispiel:

Alljährlich führe ich im schönen Tirol einen Workshop für Führungskräfte oberster Ebenen durch, der sich ebenfalls mit dem Thema Kommunikation befaßt. Die Teilnehmer kommen aus Positionen, in denen man es sich rasch abgewöhnt, „gut zu kommunizieren", weil sowieso jeder strammsteht, wenn man das Unternehmen betritt. Da ich immer wieder neue Teilnehmer begrüßen kann, halte ich jedes Jahr zum Schluß der Arbeitstage für die Teilnehmer einen amüsanten Test bereit. Jeder erhält einen fast luftleeren und zerknitterten uralten Luftballon, der an einem Stück Draht befestigt ist. Zusammen mit dem Ballon gebe ich ein Diktiergerät aus, das in die Hemdbrusttasche zu stecken ist. Die Aufgabe für die Teilnehmer: „Versuchen Sie möglichst rasch, diesen Ballon unten im Ort so teuer wie möglich zu verkaufen! Das Verkaufsgespräch ist aufzuzeichnen und uns allen später vorzuspielen."

Es gibt nun immer wieder Damen oder Herren, die zuerst versuchen, den roten Chip zu mir zurückzuwerfen: „Was soll dieser Kinderkram? Ich mache mich doch nicht lächerlich!" Die Gruppendynamik und der Spaß, den wir drei Tage lang hatten, helfen jedoch immer, alle ins Dorf gehen zu lassen. Einige versuchen mühsam, die ungewohnte Aufgabe zu lösen, andere versuchen es mit allen möglichen Tricks.

Die klugen unter den Teilnehmern praktizieren das, was sie im Seminar gelernt haben. Sie gehen auf den nächstbesten Menschen im Ort zu und sagen laut und deutlich: „Entschuldigen Sie, daß ich Sie so einfach auf der Straße anspreche, aber ich habe ein Problem, bei dem ich Ihre Hilfe benötige. Zusammen mit anderen Teilnehmern stecke ich hier seit zwei Tagen in einem Kommunikations-Workshop. Unser unmöglicher Trainer verlangt von uns, daß wir versuchen, diesen schäbigen Luftballon meistbietend zu verkaufen. Deshalb benötige ich Ihre Hilfe! Was muß ich tun, damit Sie mir diesen Ballon abkaufen?"

Für diese Teilnehmer ist die Zeit im Ort kurz, der Ballon ist innerhalb von Minuten an einen lachenden Käufer übergeben.

„Übung macht den Meister!"

Ich möchte Ihnen empfehlen, die drei Schlüsselsätze (siehe Seite 139) zum Überreichen von roten Chips mit sportlichem Ehrgeiz in Ihrem Alltag zu üben! Dazu gibt es eine Reihe von amüsanten Möglichkeiten.

Erste Übung: im Supermarkt

Fragen Sie eine Mitarbeiterin nach Waschmittel. Wenn Sie dies auf dem üblichen Weg machen („Entschuldigen Sie – wo gibt es hier Waschmittel?"), so erhalten Sie auch die übliche desinteressierte Antwort: „Da hinten, drittes Regal links!"

Versuchen Sie es einmal – trainingshalber – anders: „Entschuldigen Sie bitte! Darf ich Sie kurz stören? Ich habe ein Problem, da benötige ich Ihre Hilfe! Was muß ich tun, um hier Waschmittel zu finden?" Nun weiß ich, was in Ihrem Kopf vorgeht. Sie denken, die Dame wird sagen: „Augen aufmachen!" Nein! Dies tut sie nicht, wie zahlreiche Versuche zeigen. Wissen Sie, was fast immer passieren wird? Die Dame wird alles liegen und stehen lassen, sich des roten Chips (= Arbeitsunterbrechung, Mehrarbeit) annehmen und mit Ihnen zum Regal mit den Waschmitteln gehen.

Zweite Übung: der Taxifahrer

Sie möchten, daß Ihnen der Taxifahrer hilft, Ihr Gepäck in den zweiten Stock zu Ihrer Wohnung zu tragen? Benutzen Sie Schlüsselsätze, wie zum Beispiel: „Herr …, leider weiß ich Ihren Namen nicht!"

Der Taxifahrer: „Fevzi Gakular."

Sie: „Herr Gakular, ich habe ein kleines Problem, da brauche ich wahrscheinlich Ihre Hilfe. Im Kofferraum liegen vier große Tüten.

Ich wohne allerdings im zweiten Stock und muß bis dahin drei Türen aufschließen. Deshalb meine Bitte um Ihre Hilfe. Was muß ich tun, damit Sie mir helfen, die Tüten vor meine Wohnungstür zu bekommen?"

Dritte Übung: in der Gemeindeverwaltung

Sie möchten, daß Ihnen der Beamte trotz drohender Mittagspause und trotz vollem Schreibtisch rasch hilft? Als Sie das Büro betreten, ist dieser dabei, in die Pause zu gehen.

Artikulieren Sie solidarisierend zuallererst das, was diesen Menschen wahrscheinlich am ehesten belastet: „Guten Tag! Oh, hier sieht es aber nach viel Arbeit aus! Und jetzt – so kurz vor Ihrer Mittagspause – komme ich auch noch. Aber für mein Problem muß ich Sie einfach um Ihre Hilfe bitten. Ich benötige dringend eine Meldebestätigung. Was muß ich tun, damit Sie mir ausnahmsweise drei Minuten Ihrer Pause opfern?"

Vierte Übung: auf dem Flohmarkt

Wollten Sie nicht schon immer einmal den alten Plunder loswerden, der sich in Ihrem Keller stapelt? Flohmärkte sind ideale Trainingsfelder für Kommunikation. Versuchen Sie, sich die in diesem Buch empfohlenen Vorgehensweisen einzuprägen, und gehen Sie exakt danach vor! Schaffen Sie ein positives, grünes Ambiente, indem Sie fröhlich jeden Besucher an Ihrem Stand begrüßen.

Solidarisieren Sie sich, indem Sie zuerst auf das Gedränge am Markt, auf das Wetter oder andere Störfaktoren zu sprechen kommen. Schon zu diesem Zeitpunkt werden Sie sehen, daß die Stimmung soweit gediehen ist, daß Ihr Besucher kaufwilliger ist. Der Satz: „Okay, was können wir beide tun, daß wir hier beide zufriedengestellt werden?" beendet den Verkaufsvorgang fast immer mit einem guten Vorschlag Ihres Gegenübers.

Wichtig:

Bevor Sie nun vielleicht kopfschüttelnd und frühzeitig entmutigt dieses Buch aus der Hand legen, sollten Sie zumindest einmal (!) diese Kommunikationshilfen ausprobieren. Achten Sie dabei sehr aufmerksam auf das Verhalten Ihres Gegenübers. Sie werden rasch zu der Erkenntnis kommen: Hilfe wird nie abgelehnt! Alles, was Sie müssen, ist ehrlich sein! Wenn Sie etwas von Ihrem Gegenüber möchten und sich dabei wenig Chancen ausrechnen, so haben Sie tatsächlich ein Problem.

Und wenn Sie dieses Problem lösen möchten, so geht dies nicht ohne das Zutun bzw. die Hilfe Ihres Gegenübers! Also warum sagen Sie ihm bzw. ihr dies nicht laut und deutlich, sondern versuchen auf irgendwelchen Umwegen, fast heimlich zum Ziel zu kommen? Haben Sie keine Angst, daß Ihr Vorgehen irgendwie scheitern könnte!

Stellen Sie sich den roten Chip eines möglichen Fehlschlagens sehr bewußt über Ihrem Kopf vor. Sie müssen mit diesem Chip realistisch umgehen. Was kann schon groß passieren, wenn Sie einmal spielerisch versuchen, mit unseren drei Schlüsselsätzen rascher zum Ziel zu kommen? Nichts! Diese Erkenntnis macht den Chip ein ganzes Stück kleiner! Im gleichen Moment, in dem Sie bereit sind, sich mit dem roten Chip auseinanderzusetzen, hat dieser seinen größten Schrecken verloren! Schon nach dem ersten Erfolg oder Teilerfolg werden Sie Spaß daran bekommen, an diesen Instrumenten zu feilen und sie sich Ihrem eigenen Kommunikationsverhalten anzupassen.

Praxis-Tip

Lassen Sie sich von Rückschlägen nicht entmutigen! Was vielleicht beim ersten Mal wunderbar geklappt hat, kann beim zweiten Mal plötzlich scheitern. In diesem Falle haben Sie irgend etwas falsch gemacht. Entweder sind Sie nicht deutlich und laut genug gewesen, oder Sie haben die Worte so verdreht, daß Ihrem Gegenüber Ihr Anliegen nicht wirklich klar war. Das mit dem „deutlich und laut" meine ich übrigens auch optisch! Lächeln Sie! Denn es ist äußerst umweltfreundlich, da es wenig Energie benötigt, aber viel Licht und Wärme erzeugt!

Wenn Sie sich von einzelnen Rückschlägen entmutigen lassen, dann machen Sie etwas, was zum Beispiel Ihr Vater gemacht hat: Irgendwann in seinem Leben hat Ihr Vater versucht, eine Frau anzusprechen. Dabei ist er jedoch ziemlich kompromittierend abgeblitzt. Oder er hatte eine Jugendbeziehung, die mit Tränen gescheitert ist. Hätte Ihr Vater sich dadurch entmutigen lassen und (aus lauter schlechter Erfahrung) darauf verzichtet, Ihre Mutter anzusprechen, so wären Sie heute nicht auf der Welt.

Und was Ihr Vater konnte, sollten Sie doch auch schaffen, denn gleiches gilt für alle Situationen im Leben, in denen Sie Neues versuchen, aber dabei nicht augenblicklich Erfolgserlebnisse haben.

Lust auf Hausaufgaben?

Nachfolgend einige Ratschläge, wie Sie die Bausteine und Werkzeuge des FM-Prinzips testen und trainieren können:

- Beobachten Sie Ihre Mitmenschen und versuchen Sie dabei, aus Mimik und Körpersprache Schlüsse auf Kontostände zu ziehen.

- Verteilen Sie einmal bewußt einen massiven roten Chip! An irgend jemanden, dem Sie schon immer einen geben wollten. Wenn Sie einmal bewußt erleben, welche fürchterliche Wirkung rote Chips haben, so werden Sie in Zukunft vorsichtiger damit umgehen.

- Testen und beobachten Sie Reaktionen Ihrer Mitmenschen auf Ihre eigenen Verhaltensweisen:

  - Benehmen Sie sich einmal richtig unlogisch und böse! Sie werden merken, daß der Kontostand Ihrer Gegenüber rascher zum Vorschein kommt und Reaktionen umgehend provoziert werden.

  - Benehmen Sie sich einmal „viel zu freundlich". Sie werden rasch bemerken, daß man eigentlich überhaupt nicht „zu freundlich" sein kann! Glauben Sie einem Wiener, wie ich es bin. Der berühmt-berüchtigte „Wiener Charme" ist nichts anderes als der Grundsatz: „Ich brauche nur genügend grün zu verteilen, dann wirft mir niemand rot zurück ..." Und Tatsache ist: Es funktioniert meistens. – Aber bei wem? Bei all den Menschen, die dringend grüne Chips benötigen.

- Beobachten Sie den Unterschied zwischen Gesprächen, die in roter Umgebung stattfinden und solcher, die in angenehmem Ambiente abgewickelt werden.

- Verwenden Sie die drei Schlüsselsätze des FM-Prinzips (siehe Seite 139) trainingshalber auch dann, wenn sie einen verbalen Umweg darstellen, weil sie wenig Sinn ergeben:

Beim Bäcker („Ich benötige Ihre Hilfe. Welche der Brötchen schmecken denn am besten?"), an der Kinokasse („Von welchen Sitzen aus sieht man am besten?"), bei Kindern („Was muß ich tun, damit du ...?") und bei Menschen, vor denen Sie sonst sogar vielleicht unterschwellig Angst haben. Auch echte oder nur scheinbar „böse" Buben reagieren erstaunlich kooperativ.

- Wenn Sie rasch zum Erfolg kommen möchten: Denken Sie an die Möglichkeit, ein Diktiergerät in die Brusttasche zu stecken und es während Ihrer Übungen laufen zu lassen. Dies ist zwar rechtlich etwas umstritten, hilft aber ungemein, eigene Fehler zu erkennen.

Schnell-Check:
FM-Prinzip erfolgreich anwenden

7

Hinweis

Sicherlich werden Sie einzelne Komponenten des FM-Prinzips nach einiger Zeit entweder ganz oder teilweise vergessen. Um zu vermeiden, daß Sie sich dann wieder durch das ganze Buch durcharbeiten müssen, habe ich in diesem Kapitel alle Verhaltensmuster, Kommunikationswerkzeuge und Schlüsselsätze in Stichworten zusammengefaßt, um Ihnen jederzeit einen schnellen und praktischen Zugriff auf dieses Know-how zu ermöglichen.

Dieses Denkmodell hilft uns, eigene und fremde Reaktionen und Handlungen rascher zu verstehen und uns spontan darauf einzustellen.

Das FM-Prinzip berücksichtigt die Tatsache, daß alle Menschen auf oft unbewußt wirkende, stark emotional wirkende Einflüsse reagieren. Diese Einflüsse werden von allen Menschen auf unterschiedlichste Weise empfangen und abgegeben. Wir messen und bewerten diese emotionellen Einflüsse mit Hilfe einer imaginären Maßeinheit (einer Währung), die wir in Form von Chips (gut vorstellbar als Scheiben unterschiedlicher Größe und Dicke) visualisieren.

Wir handeln permanent mit diesen Chips und sammeln eigene, nach ihrer Wirkung sortiert, auf zwei imaginären Konten: auf einem grünen (positiven) und einem roten (negativen) Konto.

Grüne Chips

Alles, was uns emotionell positiv berührt und beeinflußt.

Diese Emotionen liefern uns sowohl Gespräche, Handlungen und Gedanken als auch Gegenstände, Stimmungen und Vorstellungen.

Rote Chips

Alles, was uns emotionell negativ berührt und beeinflußt.

Auch diese Emotionen liefern uns sowohl Gespräche, Handlungen und Gedanken als auch Gegenstände, Stimmungen und Vorstellungen.

Wie wir nach dem FM-Prinzip fühlen und handeln

- Entscheidend für unsere Reaktionen ist nicht die absolute Höhe unserer Kontostapel, sondern der Unterschied zwischen rotem und grünem Stapel.

- Je größer der Unterschied (also je mehr grüne gegenüber roten Chips), desto ausgeglichener und handlungsfähiger sind wir.

- Je geringer der Höhenunterschied der beiden Stapel ist, desto rascher und heftiger werden unsere Reaktionen.

- Treffen rote Chips in rascher Folge auf unserem Konto ein, so beginnen wir unausweichlich zu reagieren. Die Stufen unserer Reaktionen sehen wie folgt aus:

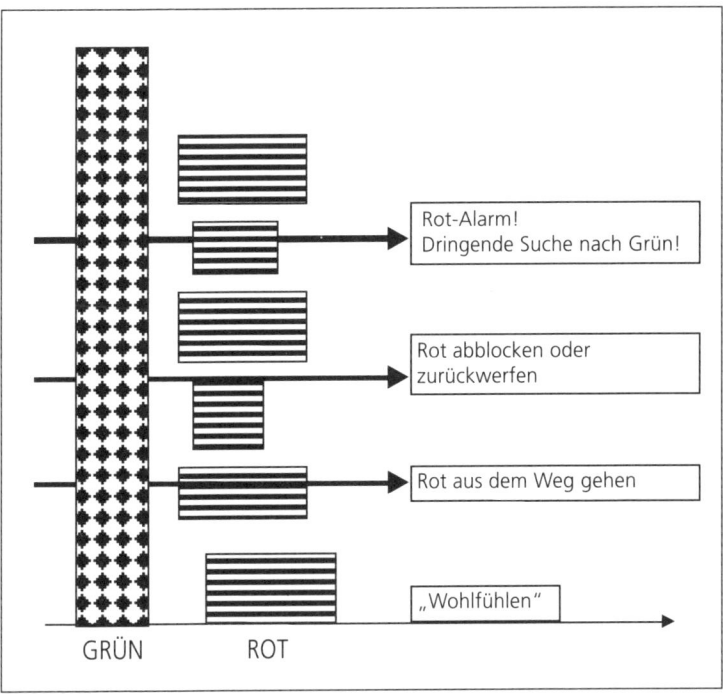

Ihre wichtigsten Schritte vor möglicherweise heiklen Gesprächen

Grünes Ambiente

Versuchen Sie immer, das Gespräch in eine die Harmonie fördernde Umgebung zu legen.

Grüne Begrüßung

Begrüßen Sie Ihr Gegenüber laut, deutlich und auf ungewohnt große Entfernung. Strecken Sie ihm die Hand entgegen und gehen Sie die letzten Schritte mit ausgestreckter Hand.

Das Hinsehen

Sammeln Sie blitzschnell alle Informationen, die Ihnen Hinweise auf mögliche hohe Rot-Belastungen Ihres Gegenübers vermitteln. Bei einer Einschätzung immer mehr zum Negativen hin beurteilen.

Das Hinhören

Begrüßen Sie Ihr Gegenüber mit einer offenen Frage und hören Sie sehr genau auf Untertöne, die in der Antwort mitschwingen. Achten Sie bei einer Bewertung „auf Ihr Bauchgefühl" und verwenden Sie passende Argumente im Solidarisierungsschritt.

Das Solidarisieren

Ihr (hoch rot-belastetes) Gegenüber muß Vertrauen zu Ihnen finden. Dieses Vertrauen müssen Sie sich durch ehrliche Anteilnahme erarbeiten. Investieren Sie soviel Zeit wie möglich darin, Ihr Gegenüber und seine Probleme kennenzulernen!

Wie Sie einer „roten Person" einen roten Chip so überreichen, daß diese ihn nicht abblockt, sondern sich offen damit auseinandersetzt

Achten Sie bei allen Konflikten darauf, rote Chips (Anschuldigungen, Vorwürfe usw.) immer zwischen sich und Ihrem Gegenüber zu belassen.

- Falsch:

  Wir neigen dazu, Mitmenschen Probleme vor die Füße zu werfen und die (uns am angenehmsten erscheinende) Lösung gleich hinterher.

- Richtig:

  Wir müssen Probleme zwischen uns und den Empfänger plazieren. Es muß dem Empfänger überlassen bleiben, wann und wie er sich des roten Chips annimmt. Ihr Gegenüber wird immer zuerst versuchen, den Chip wieder zu Ihnen zurückzuschieben. Dieser Vorgang kann durch das wiederholte „In-die-Mitte-Stellen" Ihrerseits rasch beendet werden.

Die drei magischen Sätze, um rote Chips gemeinsam aufzulösen

- „Ich habe ein Problem!"

- „Ich benötige deine (Ihre) Hilfe!"

- „Was muß ich tun, damit du ... (in unserem Sinne reagierst und handelst)?"

  Softversion: „Was können wir tun, damit du ..."

Literaturhinweise

Carnegie, Dale: Sorge Dich nicht – lebe. Scherz

Fey, Gudrun: Gelassenheit siegt! Walhalla

Harss, Claudia/Maier, Karin: Tapferkeit vor dem Chef, Walhalla

Kratz, Hans-Jürgen: Richtig loben und motivieren. Walhalla

Linneweh, Klaus: Bevor es mich zerreißt. Econ

Maro, Fred: Mitarbeiter sind so verletzlich. Metropolitan

Meier, Rolf: Richtig kritisieren. Walhalla

Morris, Desmond: Der Menschenzoo. Droemer

Spachtholz, Barbara: Intelligentes Streßmanagement. Walhalla

Spachtholz, Barbara: Power im Beruf. Walhalla

Tannen, Deborah: Job-Talk. Goldmann

Schnell nachschlagen